OUVRAGE COURONNÉ
Par la Société nationale d'Encouragement au Bien

ALPHONSE RAVENEL

SOUVENIRS
DE
CHAMPIGNY

—>*<—

CARNET D'UN SOLDAT

2ᵉ Édition

PARIS
DERVEAUX, Éditeur
32, rue d'Angoulême, 32

1882
Droits de traduction et de reproduction interdits.

SOUVENIRS
DE
CHAMPIGNY

CARNET D'UN SOLDAT

DERVEAUX, Éditeur

DU MÊME AUTEUR :

LES ENFANTS
(Étude)

Un volume in-8° — Prix : 1 fr. 50

OUVRAGE COURONNÉ
Par la Société nationale d'Encouragement au Bien

ALPHONSE RAVENEL

SOUVENIRS
DE
CHAMPIGNY

CARNET D'UN SOLDAT

2e Édition

PARIS
DERVEAUX, Éditeur
32, rue d'Angoulême, 32

1882
Droits de traduction et de reproduction interdits.

A mon Père, à ma Mère,

Aux Fils de mes vieux Camarades,

Pour l'amour de la Patrie!

ALPHONSE RAVENEL.

Décembre 1871.

SOUVENIRS DE CHAMPIGNY.

SOLDAT ET CHRÉTIEN.

En ces temps d'appétits grossiers, de haine toujours vivace et d'instincts subversifs, que certains, à la honte de notre époque, n'ont pas même la pudeur de voiler ; quand le pays menacé, puis abattu, a besoin de compter sur toutes ses forces pour se défendre ou pour se régénérer, j'ai pensé à écrire ces lignes qui n'ont qu'un seul mérite, celui d'être un récit vrai de la mort obscure d'un Français de cœur ; digne exemple à mettre sous les yeux de beaucoup de nos phraseurs sans convictions, et de tous les énergumènes sans courage.

Dans la matinée du 2 décembre 1870, le 115ᵉ régiment de ligne, dont j'avais l'honneur de faire partie, reçut, à Créteil, l'ordre de se diriger vers le plateau de Champigny, pour occuper le four à chaux, à l'extrême gauche du village. Après avoir traversé la Marne, le 115ᵉ, ou plutôt les survivants du régiment, — car le 30 novembre, au combat de Mesly, nous avions perdu à peu près le quart de notre effectif, en tués, blessés ou prisonniers, — notre premier bataillon ayant été le plus cruellement éprouvé, les deuxième et troisième bataillons seuls se dirigèrent, conduits par M. le général Rajon [1] et par notre colonel, M. Cajard [2], à l'endroit indiqué.

Nous marchions avec un entrain admirable, par sections, alignés comme pour un défilé de parade. — Prendre une position importante, venger nos pertes de la veille et nos malheureux frères d'armes qui nous croisaient, cloués par leurs blessures sur des brancards ou des cacolets, tel était l'espoir qui animait nos cœurs. On sentait que le silence et le calme que nous gardions, n'étaient que les précurseurs d'un orage qui allait éclater.

A quelques cents mètres du plateau, les boulets et les obus commencent à saluer notre arrivée. Heureusement, très peu des nôtres sont atteints. Nous continuons notre marche, en traversant la plaine au pas accéléré. Arrivés au bas de la côte, au cri de nos commandants : « Allons, enfants, enlevons la position ! » on s'élance ; au cri répété par les chefs de sections : « En avant ! Vive la France ! » on court, on vole, on meurt en silence.... La position est à nous !...

Il s'agit de nous maintenir et de les forcer à reculer encore ; nous prenons leur place dans les tranchées qu'ils occupaient, et nous tirons ferme....

Trois fois ils essaient de nous déloger, mais nous tenons bon. Comme il n'y a pas place pour tout le monde dans les tranchées, très sommairement faites, on se couche à plat ventre, on s'abrite derrière une pierre, un peu de terre, enfin ce que l'on trouve. On respire un peu, on jette un coup d'œil en arrière pour juger du chemin parcouru. Hélas ! que de cadavres !... mais, en avant de nous, il y en a davantage.

Après avoir vu ma section faisant bravement son devoir,

---

(1) M. le général Rajon venait d'être chargé du commandemen de notre brigade, en remplacement du général Ladreit de la Charrière, blessé mortellement au combat de Mesly.

(2) Aujourd'hui colonel au 3ᵉ zouaves.

je cherche, avec quelques soldats de ma compagnie, mon fourrier et cinq ou six sapeurs du génie, un emplacement convenable pour abriter notre feu de tirailleurs. J'avise une petite éminence :

— Mettons-nous là, mes amis, leur dis-je.

Un cri me répond. Je me retourne : un camarade est frappé. Second cri à ma droite ; un gémissement en avant de moi : ce sont deux victimes de plus.

— A mon tour bientôt, me dis-je en mettant genou à terre ; à la grâce de Dieu !

J'épaule, en disant à mon voisin de gauche :

— Vengeons-les !

Il me fait un signe affirmatif, tout en continuant de viser. Après avoir tiré, comme j'allais recharger mon arme, j'entends un petit bruit sec suivi d'un soupir : c'est mon pauvre voisin qui vient d'être frappé. Je prends aussitôt mon mouchoir pour étancher le sang qui s'échappait d'une blessure à la joue ; le mouchoir devient aussitôt une éponge rouge. La balle, entrée au-dessus de la mâchoire droite, avait perforé la poitrine en passant par la gorge. — Il était perdu !

Il ouvrit les yeux, me fixa longuement comme pour me faire un suprême adieu ; il voulait parler, il ne le pouvait pas. Je cherchai à l'accommoder le plus doucement possible sur le talus.

Après m'avoir serré la main, il eut encore la force de faire le signe de la Croix ; ses lèvres bégayèrent une prière, il jeta un dernier regard vers le ciel, puis son vaillant cœur cessa de battre....

Le soir, à la faveur d'un armistice, en parcourant le champ de bataille éclairé par les pâles rayons de la lune, quand je reconnaissais un camarade couché sur le sol, c'était certes une poignante émotion, mais jamais je n'oublierai la figure sympathique et la mort chrétienne de ce brave soldat !

A L'ANNIVERSAIRE.

Se souvenir, c'est vivre deux fois; c'est posséder une seconde force : l'exemple du passé pour parcourir le présent en espérant l'avenir!

Un an après le combat du 30 novembre au 2 décembre, ce fut avec un sentiment de fierté mêlé de tristesse, que je me revêtis de l'uniforme de mon régiment, pour assister au service commémoratif qui avait lieu au Tremblay, en l'honneur de nos chers absents.

La France est peut-être le pays où le culte des morts est le plus religieusement suivi; je vis, en arrivant à Joinville que, sous ce rapport, nous n'avions pas dégénéré. — La foule était énorme et recueillie.

Je reconnus avec satisfaction quelques camarades du 115ᵉ dont un, entr'autres, à peine remis d'une affreuse blessure reçue à Champigny.

D'autres plumes plus capables que la mienne ont décrit les détails de cette touchante cérémonie. — Un de nos poètes les plus distingués, a retracé dans son : *Anniversaire!* toutes les phases de l'émotion qui était dans le cœur des assistants..... « Plaintes sur nos malheurs. » « Honneur et regret aux victimes. » Dans la dernière strophe montrant à tous la tombe de nos glorieux vaincus, il dit aux braves : « Pleurez sur vos compagnons! » puis appelant les lâches et les trembleurs, il leur dit, les forçant à se découvrir en les souffletant par ce vers sublime :

    « Venez savoir comment on meurt pour sa patrie. »

. . . .

Je viens simplement raconter un émouvant épisode dont j'ai été le témoin.... La cérémonie était terminée. L'absoute avait été donnée par Mgr Guibert, le digne héritier d'un siége archiépiscopal, qui fut, trop souvent, la dernière étape d'un martyr; à l'exécration des bandits immondes qui commirent le parricide et à la plus grande gloire des pasteurs, toujours à la hauteur de ce suprême honneur; rendant à tous un hommage mérité, M. le général Ducrot venait d'adresser au nom de la France, un adieu sympathique à nos braves frères d'armes; sous l'empire de ces sentiments, par un temps splendide, aux accents d'une musique militaire et des chœurs d'orphéon exécutant des symphonies et des chants funèbres, le spectacle était imposant et grandiose. La foule s'écoulait vivement impressionnée.... Appuyé près d'un pilier de la tente, j'avais remis mon képi, attendant mon tour pour circuler, quand je remarquai que, depuis quelques instants, je fixais l'attention de deux dames en grand deuil. — Pensant que ma vue leur rappelait peut-être un parent ou un ami, — par discrétion je tournai légèrement la tête, ne voulant pas troubler la triste émotion d'une amère illusion. — L'une d'elles, s'enhardissant, fit quelques pas vers moi, puis retourna aussitôt près de son amie. — Je compris qu'elle avait cherché à s'assurer du numéro de mon régiment. La discrétion exagérée devient, en certains cas, un manque de prévenance; je rejoignis ces dames et leur offris mes services. — La plus âgée, voyant alors les boutons de mon uniforme, s'écria : « Ah! monsieur, vous étiez du 26ᵉ de ligne? » — En effet, madame, j'étais au 26ᵉ avant de faire partie du 115ᵉ [1]. « Alors, vous avez connu Joseph? — Pauvre chère dame! elle ne pensait qu'à l'appellation intime de son cher absent. — Son nom de famille, je vous prie? — « Joseph Thom, caporal, je suis sa sœur et ma compagne était sa fiancée... » et toutes

---

(1) Le 4ᵉ bataillon du 26ᵉ de ligne partit de Cherbourg pour Paris le 22 août 1870 et forma le 3ᵉ bataillon du 115ᵉ de ligne de nouvelle formation. C'est pourquoi mon képi portait le n° 115 et les boutons de ma capote 26.

deux fondirent en larmes. — Hélas ! dis-je en leur serrant la main et mêlant mes larmes aux leurs, vous ne pouviez mieux vous adresser qu'à moi — il était de ma compagnie et il a été frappé à quelques pas de moi... Si ce peut être une consolation pour un si grand malheur, je vous assure qu'il est mort en brave !... « Seriez-vous assez bon, Monsieur, de nous conduire où il repose. » Je ne saurais vous le dire au juste, il est là ! avec tous... mais si vous le désirez, je vais vous montrer la place où il a succombé pour sa patrie !

Je conduisis ces pauvres affligées vers le four à chaux et leur montrai l'endroit où, le 2 décembre 1870, le brave Thom, qui était un excellent tireur, me disait : « Soyez tranquille, major, je ne les manque pas... » Cinq minutes après il était blessé, il expira le soir seulement, après plusieurs heures d'agonie. Il venait de rendre le dernier soupir, quand je pus presser sa main encore tiède...

Elle se mirent à genoux et prièrent pour leur cher Joseph, moi, pour tous mes camarades... Je revois leurs figures joyeuses et pleines d'existence ; puis, leurs visages livides du champ de bataille. — Honneur et gloire à vous et bon souvenir !

Je ne me rappelle pas vos noms à tous, mais, votre mémoire est à jamais gravée dans mon cœur.

Je reçus les adieux touchants des sœurs de mon ami, puis je regagnai tristement Paris.

Rentré chez moi, je remis mon uniforme au portemanteau. — Capote du 26e. Képi du 115e. — Crimée et France ! vous me rappelez de braves cœurs. — Morts et vivants je ne vous oublierai jamais !

Camarades du 26e et du 115e, souvenez-vous aussi que si le pays menacé demande ses enfants, nous nous retrouverons une troisième fois sous le même drapeau : *la France !*

CARNET D'UN SOLDAT.

A MES JEUNES LECTEURS.

Je viens vous remercier de l'accueil sympathique que vous avez accordé aux *Souvenirs de Champigny*.

Ces récits, qui ont ému votre cœur et fortifié votre âme, m'ont été dictés par la mort glorieuse de deux camarades. J'accepte pour eux votre suffrage comme une couronne; en votre nom, je la dépose pieusement sur leur tombe!

. . . .

Vous êtes tous appelés à revêtir, pendant un certain temps, l'uniforme militaire; à votre intention, j'ai puisé dans ma mémoire et j'ai rassemblé plusieurs anecdotes du temps passé sous les drapeaux.

Mon désir est de vous montrer qu'un bon soldat, obéissant envers ses supérieurs, ferme envers ses inférieurs, dévoué et respectueux pour tous, quoique soumis à une discipline sans laquelle il n'est point d'armée possible, peut retrouver, sous le drapeau du régiment, beaucoup de cette vie de famille qu'il a quittée avec tant de chagrin. N'est-il pas votre père? le chef qui, tout en veillant à votre bien-être vous dicte votre devoir, vous instruit et vous corrige; comme lui, il sait récompenser ou punir. Ne sont-ils pas vos frères, vos amis? ces camarades dont vous partagez les travaux, les fatigues et les dangers. Réunissant tous ses enfants de l'armée en un seul amour, un unique espoir, celle qui fait de votre gloire sa joie, de vos malheurs sa peine, notre patrie, la France ! n'est-elle pas votre mère ?

Travaillons donc pour elle, mes amis, instruisons-nous pour devenir bons et justes ; unissons-nous pour être forts ; quand nous serons forts et justes, nous deviendrons invincibles ; avec l'aide de Dieu, peut-être un jour serons-nous l'arbitre du monde entier, l'exemple et le commencement de la paix universelle !

MON ENGAGEMENT. — DÉPART. — ARRIVÉE AU RÉGIMENT.

En mars 1854, la question d'Orient amena la guerre entre la Russie et la France, la campagne de Crimée allait s'ouvrir.

A cette époque, j'avais encore trois années à attendre pour ma conscription ; je résolus de profiter de la latitude accordée, dans le moment, aux engagements volontaires, pour faire cette campagne et me libérer trois ans plus tôt, que ceux de ma classe, du service militaire.

Ayant obtenu le consentement de mon père, je commençai les démarches nécessaires. — Certificat du commissaire, visa à la Préfecture, admission au conseil de révision et enfin signature à la mairie.

Ces démarches durèrent une huitaine de jours pendant lesquels j'avais pu cacher ma résolution à ma bonne mère ; le moment arriva où je reçus ma feuille de route, il fallut bien lui annoncer mon départ. — Ce fut un coup bien douloureux pour son cœur ! Elle s'attendait si peu à mon engagement qu'elle ne pouvait le croire. Je lui expliquai les motifs qui m'avaient fait agir ; elle se rendit à mes raisons, mais ses alarmes ne furent pas moins vives !

Ne connaissant absolument personne dans l'armée,

quand il s'agit de choisir mon corps, je désignai le 8ᵉ régiment de hussards dont le brillant uniforme avait séduit mes dix-sept ans ; mais, sur mon signalement, on s'était trompé de quatre centimètres pour ma taille. L'employé me répondit :

— Impossible, vous êtes trop petit.

— Ah ! je croyais...

— Voyons ; quel régiment choisissez-vous ?

— Le 26ᵉ léger fait-il la campagne ?

— D'abord le 26ᵉ léger n'existe pas ! le 26ᵉ de ligne, si vous voulez, il est désigné pour partir.

Attendant leur tour, il y avait derrière moi deux jeunes gens à la physionomie franche et joyeuse qui me dirent :

— C'est aussi au 26ᵉ que nous allons.

Cela mit fin à mon indécision et je demandais le 26ᵉ de ligne.

Le premier de ces deux nouveaux camarades se nommait D..., nous eûmes la douleur de le perdre en Crimée ; le second s'appelait Alfred N..., il devint mon premier ami de régiment, et depuis dix-huit ans nous avons continué l'amitié commencée le jour de notre engagement.

C'est à Dijon que je devais rejoindre, à dix ou onze étapes de Paris. Désirant m'habituer de suite à la fatigue de la marche (et bien m'en prit, comme vous verrez), je décidai de faire mes étapes à pied, le bâton de voyageur à la main. Je donnai trois jours aux visites d'adieu et je partis le 21 mars.

A Paris, dans certaines rues du Marais, c'est presque la province, tout le monde se connaît ; mon départ est l'évènement du jour, on est aux portes et aux fenêtres pour me voir quitter la maison où s'est écoulée mon enfance. — Chez nous, ma mère, mes grand'mères, mes tantes s'efforcent de cacher leurs larmes sans pouvoir y parvenir ; m'arrachant de leurs bras, je rejoignis mes oncles, mes amis de pension, Henri P. et Alfred B., mon père et ses ouvriers qui désiraient me faire la conduite.

Au détour de la rue je fis un dernier signe d'adieu aux visages aimés qui me suivaient du regard. — Les reverrai-je ?..... Espoir et courage !

. . . .

Quand vous serez pressés, je ne vous engage pas à suivre le chemin que prit notre petit cortége ; pour aller de la rue du Grand-Prieuré à la gare de Lyon, passer par Ivry, Charenton et Bercy. Ce n'est pas le plus court, ah ! mais non ; et certainement vous manqueriez le train.

Pour regagner mes trois jours de retard, je prends un billet pour Montereau.

La cloche du départ sonne : c'est le moment des adieux ! Je serre la main à mes amis et je dis au revoir à mon père. — Son émotion, comprimée jusque-là, ne peut lutter plus longtemps. — C'est en pleurant aussi qu'il m'embrasse en me répétant mes propres paroles :

— Au revoir mon père !

. . . .

Je montai en wagon ; installé dans mon coin, isolé de mes compagnons de voyage que je n'ai même pas vus, je pense à tous ceux que je quitte pour la première fois. — Je regarde Paris qui s'éloigne...

Arrivé à Montereau, il était déjà tard ; je cours à la mairie pour mon billet de logement. J'ai l'adresse d'un limonadier ; à ce qu'il paraît que j'expose le motif de ma visite d'une façon incompréhensible, car le garçon m'apporte un petit verre.

— C'est peut-être l'habitude, me dis-je, acceptons.

Les émotions et la fatigue m'engagent au repos. Cette fois, je demande clairement ma chambre en exhibant mon billet.

— Ah ! c'est pour loger, bien ; je vais vous conduire à l'hôtel, nous ne logeons pas.

Je prends mon bagage et vais enfin trouver mon lit.

L'aube me trouva sur pied, je demande mon chemin et me voilà arpentant la route de Montereau à Sens, aux frais de l'État... et de mes jambes. — Je commence mon apprentissage de soldat. Après une vingtaine de kilomètres, un impérieux appétit me fait rechercher une auberge; j'en avise une, de modeste et propre apparence, une de ces auberges de grand'route qui se font rares depuis l'établissement des chemins de fer. — Je demande à déjeuner. — Alors, à ma grande satisfaction, les plats se succèdent et je sais y faire honneur; seulement une vague inquiétude vient troubler ma digestion : l'aubergiste est aimable, les plats sont nombreux; cela va me coûter bien cher. Bah! j'ai cinquante francs en poche, je ferai des économies à mon dîner.

— Combien vous dois-je, Monsieur? dis-je en tirant ma bourse et essayant mon sourire le plus agréable (*il a quelquefois été pris pour une grimace, mon sourire*).

— Deux francs, Monsieur.

Sur ce, je me rassieds.

— Alors, donnez-moi du café, s'il vous plaît. Je reviendrai, fis-je à part moi, la maison est bonne.

Avec de nouvelles forces, je me remets en route, j'arrivai bientôt à Pont-sur-Yonne, gracieuse petite ville où je fis la rencontre de trois voyageurs de commerce allant comme à moi à Sens, ils me proposèrent de faire route ensemble; j'acceptai avec plaisir. Ma première étape se termina gaîment par une invitation au dîner de ces messieurs.

Ne vous illusionnez pas, mes amis, ce ne fut pas tous les jours la même chose; jusqu'à Dijon, sauf cette fois, j'ai toujours voyagé seul.

Je ne veux pas quitter Sens, en oubliant mon tribut d'admiration à sa magnifique cathédrale. Mais je dois vous prévenir que mon carnet sera très sobre de détails topographiques, géographiques, ainsi qu'en descriptions. J'aime trop ce qui est noble et beau pour ne pas contempler les merveilles, et, pour ne pas gâter le tableau, je ne les décrirai pas. — Dans le doute, abstiens-toi, dit le sage.

A Tonnerre, je reçus une invitation à dîner et une morale peu méritée, je dois le dire. J'étais logé chez de braves personnes qui m'offrirent de partager leur repas; je déclinai l'invitation, je sortais de table.

Rentré et couché de bonne heure, je ne pouvais pas m'endormir, ma chambre touchant à leur salle à manger; j'entendais, malgré moi, leur conversation. — C'était moi qui en faisais les frais.

Le Mari. — Le militaire est rentré ?

La Femme. — Oui, il est couché.

Le Mari. — Quel homme est-ce ?

La Femme. — C'est un tout jeune homme, presque un enfant, il s'est engagé, probablement pour faire de la peine à ses parents, on ne pouvait sans doute rien en faire.

Le Mari. — C'est sûr. (*S'adressant à son fils.*) Si jamais tu te conduisais comme cela, tu aurais affaire à moi !

Le Fils. (*La bouche pleine.*) — Oui, papa.

J'aurais pu, nouveau spectre de Banco, apparaître et leur dire :

— Vous êtes dans l'erreur, bonnes gens !

Mais je préférai m'endormir. Toutefois, si le hasard avait conduit chez eux un sujet de cette catégorie, cette leçon gratuite eût été pleine d'à-propos.

Le 29 mars, j'arrivai à Dijon. — Après l'apprentissage de la marche, allait commencer celui de la caserne.

Je vais donc connaître ma nouvelle famille.

INCORPORATION. — ÉQUIPEMENT. — CHANGEMENT DE GARNISON.

A mon arrivée à Dijon, les bataillons de guerre du 26ᵉ venaient de partir, il ne restait plus que le dépôt qui attendait de jour en jour son changement de garnison.

Avant de me présenter à la caserne, il me restait un sacrifice à accomplir. Je possédais (où sont les neiges d'antan) une chevelure très abondante; pour un artiste, c'était bien, mais, pour un soldat, ce n'était pas d'ordonnance. J'entrai chez un coiffeur et lui livrai ma tête; j'ignore ce qu'il a fait de mes cheveux; s'il les possède encore aujourd'hui, il devrait bien me les rendre.

Ce fut à l'*ordonnance* que je me présentai devant mes supérieurs; malgré cela, le frater de la compagnie trouva *encore* à couper; après, oh? mais après, à moins de me scalper, il n'y avait plus rien à enlever.

Après la visite du docteur, je suis présenté au major et immatriculé sous le nº 4,729; me voici reçu et incorporé.

Habillé dans le courant de la journée, je ne puis résister au désir de me montrer dans mon uniforme à la bonne ville de Dijon, qui n'en fut nullement émue; seulement, au détour d'une rue, un rire argentin me fait prêter l'oreille; ce rire partait d'une boutique de modistes, personne dans la rue, c'est donc pour moi; je m'arrête pour regarder la rieuse, je ne la vois pas, mais, dans la glace, je me vois, je comprends alors, c'est ma veste qui fait son effet; patience, mesdemoiselles, j'aurai un jour une belle tunique et des galons, et vous ne rirez plus.

Continuant ma route, je me rends au chemin de fer pour renvoyer chez moi mes effets *civils;* je vous engage, mes amis, à agir de même; souvent les conscrits vendent leurs habits presque pour rien, l'argent est mal employé;

quand on revient du service, on est bien aise de les retrouver.

Voici l'heure de l'appel, vite à la caserne, il ne faut pas se faire punir ; on se couche de bonne heure, dame ! réveil à cinq heures, exercice à six heures.

Dire que l'on dort bien, la première nuit, dans une caserne, serait un peu s'avancer, mais on se fait à tout, et je vous assure qu'une fois habitué, cela ne manque pas de pittoresque ; ici, le studieux complète son instruction ; là, l'ambitieux dévore sa théorie ; plus loin, c'est un lettré qui écrit pour un camarade la missive qui doit attendrir la bourse paternelle ou faire patienter le cœur de la promise ; plus loin, les délices du piquet ou du mariage font manipuler des cartes qui n'ont plus de couleur ; un autre continue la fameuse histoire interrompue la veille par le roulement des chandelles, autrement dit l'extinction des feux. A dix heures, plus de bruit, plus de lumière : Soldats, reposez-vous.

Le lendemain, j'avais à peine commencé : *tête droite, tête gauche*, qu'on vint chercher les conscrits pour compléter l'équipement et l'armement. Nous partions le jour suivant pour Romans (Drôme), à douze étapes de Dijon.

Au bout d'une heure, nous apportons sur nos lits tout ce que l'on venait de nous donner. Il fallait voir notre ébahissement !

Comment arranger tout cela ? Comment faire entrer cet amas de choses dans un si petit sac ? Quel problème ! j'avais beau me creuser la tête, pas plus que mes camarades je ne trouvais la solution ; heureusement, *les anciens* vinrent à notre secours. Dans ces circonstances, caporaux et sergents n'y suffiraient pas. C'est le buffle du ceinturon qui est trop épais, autant à dire pour la bretelle du fusil, et le paquetage, le maudit paquetage ! Le soir, tout est prêt, je me garde bien de toucher à mon sac, je ne saurais plus le refaire.

Le réveil est sonné à quatre heures, une demi-heure après, notre bataillon est rangé en bataille dans la cour de la caserne; me voici dans les rangs, depuis il m'est arrivé de rester sac au dos quarante et même quarante-six heures sans broncher, mais la première fois j'avais l'air d'avoir la porte Saint-Denis sur le dos.

L'appel se fait, le commandant monte à cheval, les clairons sonnent, les tambours battent, nous quittons Dijon. En passant devant le magasin de modistes, j'essaie de me donner une allure martiale; peines perdues, elles ne sont pas encore levées.

Grand'halte à Nuits, le camarade V... est du pays, nous déjeunons chez lui et le vin blanc me donne de nouvelles forces. Salut en passant au noble Clos-Vougeot.

A Beaune, j'arrive positivement moulu : bras, épaules et jambes, je ne sens plus rien. Il en fut ainsi à chaque étape : Lyon, Villefranche, Mâcon, etc., je me disais le matin : jamais je ne pourrai faire l'étape. On sonnait la marche du régiment, et cela me donnait l'énergie de ne pas faire le traînard.

A quelques kilomètres de Romans, le docteur me voyant réellement faible, m'ordonna de monter sur la voiture aux bagages. Ecoutez-donc ! cela faisait plus de vingt étapes, dont la moitié avec armes et bagages. puis j'avais une ampoule grosse comme un petit œuf.

Une recommandation : ne faites pas le coquet, prenez des chaussures à l'aise, sans être trop grandes, graissez-les bien et soyez toujours munis de chandelle; cela vous évitera la déconvenue d'en demander à votre hôte et de le voir vous apporter une bougie !

A Romans, je retrouve mon ami A. N..., il me présente un nouveau camarade, Henri N... qui, depuis, est resté aussi un de mes meilleurs amis.

Aguerri à la marche, je vais apprendre l'exercice.

ÉCOLE DU SOLDAT.

Je n'entreprendrai pas, mes chers amis, de vous raconter tous les détails de l'exercice, les classes qu'il faut franchir pour faire un soldat; outre que le récit serait fastidieux, dans vos lycées, l'instruction militaire faisant désormais partie du programme des cours, vos instructions vous le démontreront plus efficacement.

Ces exercices vont remplacer vos récréations, ils seront de votre goût, j'en suis certain; de plus, ils vous éviteront d'arriver tout-à-fait novices au métier des armes, à votre régiment.

Après l'exercice à feu, me voici passé au bataillon, je suis soldat enfin : je vais faire mon service avec les anciens, monter la garde, être de piquet, de planton; je ne suis plus un conscrit, un *bleu*, un *pierrot* comme on disait en ce temps-là. Je suis même inscrit au nombre des élèves-caporaux.—Déjà les doubles galons de laine, en perspective, me font monter au cerveau la fièvre de l'ambition, ainsi que le prouve la petite anecdote suivante :

Tous les samedis, on fait au quartier le grand nettoyage des chambrées, battage des couvertures, etc.; l'armement, l'équipement, l'habillement, sont mis dans le plus grand état de propreté; on se prépare pour la revue ou les inspections du dimanche.

A l'appel, il faut que tout soit prêt pour la visite de l'officier de semaine, visite qui est précédée du coup d'œil du caporal, pour son escouade, et celui du sergent pour sa subdivision.

Un samedi donc, j'étais là tout prêt, mon petit ménage installé sur mon lit.... je me croyais irréprochable. — Le caporal n'avait rien dit. — Quand ce fut le tour du sergent, je commence à trembler un peu plus. Il regarde attentivement : fusil, giberne, etc. Son air est approbateur... Ah ! je respire....

Tout-à-coup il saisit mes gants et me les montre d'un air courroucé...

— Mais, sergent, fis-je timidement, ils ne sont pas sales? (*Dame, mon amour-propre de blanchisseur était en jeu.*)

— C'est vrai, me dit-il, ils sont assez propres, cependant pour un jeune homme comme vous, appelé à faire un jour un maréchal de France, ils devraient être encore plus blancs... — Il passa.

Je vous avoue que j'eus toutes les peines du monde à garder mon sérieux, quel horoscope! Je rêvais bien galons de laine, galons d'or, voire même l'épaulette, avec le temps... mais le bâton de maréchal!... Chaque soldat l'a, dit-on, dans sa giberne, c'est possible, oui, mais il y a beaucoup plus d'appelés que d'élus.

EXISTENCE DE GARNISON.

L'existence du soldat, comme service et comme distraction, ne varie que suivant l'importance de la ville où l'on tient garnison. Le service journalier réglé et distribué, il reste fort peu de temps disponible.

Généralement depuis quatre heures jusqu'à l'appel du soir, et le dimanche après l'inspection on est libre; je vous assure que les oiseaux ne tardent pas à prendre leur volée dans les campagnes des environs, ou à parcourir boulevards et promenades, si l'on est dans une grande ville.

Dans la compagnie où j'étais placé, nous étions sept ou huit Parisiens, nous sortions toujours ensemble. Le dimanche, notre grande distraction était la visite des magnaneries, les promenades aux vogues des pays voisins.

Quand nous étions en fonds, nous allions chez de braves fermiers, et pour quelques sous chacun, nous faisions une orgie... de lait chaud, de pain bis et de beurre frais ; c'était sain et peu coûteux.

Si la pluie venait contrarier nos projets, nous restions philosophiquement à la caserne et nous remplacions le lait et le pain bis par un énorme gâteau de vingt sous et un verre de vin blanc. Réunis autour de ce festin, nous causions de Paris, de ses bals, concerts, théâtres, il fallait voir nos camarades de la province ouvrir de grands yeux et nous écouter comme des oracles : Ces Parisiens, en savent-ils, hein?

On devisait ainsi jusqu'à l'heure de l'appel, puis chacun regagnait son lit.

MA PREMIÈRE GARDE.

Un soir, le sergent de semaine, commandant son service, me dit :

— Demain, vous êtes de garde à la police. (*Poste de la caserne.*)

C'était la première fois que j'étais commandé de service, aussi, je dormis peu.

Le matin de bonne heure, me voici debout, apportant tous mes soins à me mettre en grande tenue ; c'est qu'on est sévère à l'inspection de la garde montante.—Je passe cette inspection sans reproches, on défile... nous voici au poste.

Je repasse dans ma mémoire toutes les théories apprises sur les devoirs d'un soldat de service, ceux de la sentinelle devant les armes ou isolée.

Mon tour d'aller en faction est arrivé, je suis placé devant les armes, c'est-à-dire à la porte de la caserne.

Quelle attention ! faire observer la consigne reçue,

rendre les honneurs à qui de droit, faire sortir le poste avec ou sans armes; tout est observé par moi avec une exactitude rigoureuse. Les deux heures se passent... ouf! quel mal de tête, mais je suis libre pendant six heures avec le choix entre le repos sur le banc, la lecture ou les délices de la cigarette.

Avec le soir arriva mon tour de faction de nuit; c'est une autre consigne alors, on ne rend plus d'honneur, mais il faut reconnaître les rondes, patrouilles, faire passer au large, oh! faire passer au large, ce fut mon fort.

... Il était près de minuit, la ronde supérieure était passée, tout était calme, le Rhône roulait silencieusement, devant moi, ses eaux argentées. Il faisait très sombre. Au détour de la rue voisine, j'aperçois une ombre se glisser furtivement.

— Qui vive? Point de réponse.

— Qui vive? Au large! m'écriai-je d'une voix de tonnerre.

Un aboiement furieux et impatienté me répond. C'était un malheureux caniche qui regagnait sa demeure!

Habitants de Romans, vous fûtes bien gardés cette nuit-là!

Quelques jours après cette garde mémorable, notre compagnie reçut l'ordre de se diriger sur Privas.

Cette fois c'était une promenade, trois étapes seulement.

La nouvelle est accueillie par nous avec joie.

C'est si beau le changement, quand on est jeune.

IL PLEUT DES PIÈCES DE CINQ FRANCS.

De Romans à Privas, la première étape est Valence; étape très courte; cinq lieues à peine.

Arrivés de très bonne heure, nous avions toute la journée

pour admirer cette charmante ville : le pont sur le Rhône, la place Championnet et la statue de l'illustre guerrier de ce nom, le théâtre, la rue où habita l'Empereur, alors qu'il n'était que lieutenant d'artillerie.

Après avoir payé notre tribut à la contemplation, la chaleur aidant, nous avions, mon camarade de lit, le caporal H... et moi, un grand besoin de nous reposer et de nous rafraîchir. Nous consultons notre budget : vingt-cinq centimes ! pas moyen de nous offrir une canette.

— Bah ! les bancs ne coûtent rien et la fraîcheur de l'ombrage est à tout le monde ; asseyons-nous là, fis-je à mon brigadier.

— *Che le feux pien*, me répondit philosophiquement ce brave enfant de l'Alsace ; *mais ça ne nous tonnera bas à poire... envin !...*

Nous étions assis depuis cinq minutes, quand un vigoureux *psitt, psitt!* nous fit lever la tête.

D'une fenêtre de l'hôtel en face, le brosseur du capitaine nous appelait. Nous lui demandons ce qu'il veut.

— Ravenel, me dit-il, veux-tu cent sous?

— Certes, oui ; mais pourquoi... comment?...

— Ah ! je n'ai pas le temps de te donner des explications. Veux-tu cent sous?

— *Tonne, tonne*, répond H... *et chette sans te térancher.*

Aussitôt dit, aussitôt fait.

— Nous voici riches, fis-je ; les arbres ne nous suffisent plus. Allons boire la canette de nos rêves.

Le lendemain matin, je demande à Chambre (le brosseur, un nom prédestiné !) ce que signifiait cette avalanche d'écus.

— Je ne sais pas, moi, c'est le capitaine qui m'a dit de te donner cet argent.

J'allai trouver le capitaine pour connaître le mot de l'énigme, mais il me prévint en me disant :

— Mon ami, votre père m'a écrit pour vous recommander à moi, et m'a prié de vous avancer l'argent nécessaire pour compléter votre masse ou en cas d'urgence. Or, sachant par expérience que c'est en route que l'argent est le plus nécessaire, je vous ai avancé cette petite somme.

L'excellent homme! Mon père avait bien placé sa recommandation.

Il me donna, — en dehors du service, — des conseils qui me furent bien utiles plus tard. Parti simple soldat, il avait conquis tous ses grades au 26ᵉ, et mérité l'épaulette et la croix d'honneur en Afrique.

Le capitaine Fournier — encore un nom que je me rappelle toujours avec plaisir — avait bien gros cœur d'avoir été placé au dépôt et de ne pouvoir suivre encore le drapeau du régiment. Sur le point d'avoir sa retraite, ses blessures, son âge et un embompoint peu commode pour faire campagne, tout l'avait forcé à permuter avec un officier plus jeune.

Il me disait bien souvent :
— N'oubliez jamais !

LA LÉGENDE DU 26ᵉ.

Chaque compagnie possède un livre d'ordres, où le fourrier copie les ordres du jour de l'armée, de la division, de la brigade et du régiment. On inscrit les faits d'armes, nominations, permutations, condamnations; enfin, tout ce qui intéresse l'armée. Ces livres sont renouvelés tous les ans; ceux des années précédentes sont conservés aux archives du major.

Quand un régiment a la gloire d'avoir un fait d'armes éclatant dans ses annales, le ministre et le général en chef peuvent ordonner la transcription de cet ordre en tête du livre de chaque année, autant pour perpétuer le souvenir de cette action héroïque que pour encourager les nouveaux venus à continuer la tradition de l'historique du régiment auquel ils vont avoir l'honneur d'appartenir.

. . . .

Au 26ᵉ, en Afrique, en 184..., il se passa un fait d'armes qui mérita les éloges de l'armée et qui égala, aux yeux du maréchal Bugeaud, celui de Mazagran.

Ce furent les termes dont il se servit dans la proclamation qu'il adressa, en ordonnant que cet ordre du jour fût, pour toujours, placé en tête du livre d'ordres du régiment.

Je me souviens encore des premières lignes :

« Soldats,

» J'ai l'honneur de porter à votre connaissance un fait
» d'armes qui égale, à mes yeux, celui de Mazagran. Là,
» nos braves se défendirent retranchés derrière des mu-
» railles, tandis que vingt-trois héros du 26ᵉ luttèrent en
» rase campagne. »

Voici le fait :

Vingt-trois jeunes soldats du 26ᵉ (ils avaient six mois de service), conduits par le sergent Blandan, porteur de la correspondance, sont assaillis en plaine, entre Méred et Bouffarick, par environ trois cents cavaliers arabes.

Leur chef, s'avançant vers le sergent, lui fait signe de se rendre. Blandan répond par un coup de feu qui étend mort le chef arabe.

Le combat s'engage aussitôt... Par un feu bien nourri, nos braves tiennent les Arabes à distance ; mais, par le nombre de leurs adversaires, ils devaient fatalement être écrasés.

Blandan, blessé l'un des premiers, en se sentant atteint mortellement, se traîne au centre de sa petite troupe et leur crie :

— Mes amis, peut-être allons-nous succomber !... mais nous sommes Français, et nous ne nous rendrons pas !... Il faut vaincre ou mourir ! Le jurez-vous?

— Oui, oui, nous le jurons ! s'écrièrent-ils d'une voix unanime.

. . . .

Le lieutenant-colonel Morris, au bruit de la fusillade, accourut à la tête d'un détachement de ses chasseurs d'Afrique. Il mit en fuite les Arabes, qui n'eurent pas le temps d'enlever leurs morts et leurs blessés.

Mais hélas ! de nos vingt-trois braves, dix-neuf étaient morts ! Les quatre survivants tenaient encore : ils étaient blessés tous les quatre !...

BIRE — STALL — MARCHAND — MICHEL.

Chacun d'eux reçut la croix d'honneur, croix noblement méritée.

Les braves qui périrent dans ce fait d'armes ne furent pas oubliés :

On construisit sur l'emplacement du combat une colonne en granit, où l'on grava les noms des héros ; et, chaque fois qu'une troupe passe devant le monument, elle présente les armes et l'on bat aux champs.

Juste honnneur rendu à la bravoure !

. . . .

Je vous assure, mon ami, que la première fois que mon capitaine me conta cette légende, je fus enthousiasmé et attendri.

Le jour où le fourrier lut cet ordre devant la campagnie réunie, nos cœurs battirent bien fort, et nous nous promîmes de nous rendre dignes de continuer cette noble devise : « Vaincre ou mourir ! »

DE VALENCE A PRIVAS.

En quittant Valence, nous nous dirigeâmes vers La Voulte, notre deuxième étape.

De cette petite ville, j'ai conservé deux souvenirs: Une fonderie de projectiles que nous admirâmes, et l'excellence du pain ; — c'était le jour de la distribution — jamais, étant soldat, je n'ai mangé d'aussi bon pain.

Sans être gourmand, il est bien permis d'avoir la mémoire de l'estomac.

Arrivés à notre gîte le caporal H... me dit : *Tis tonc, Rafenel, si nous allions vlâner fers la venêtre du gabidaine, beut-être il bleufrait engore tes bièces de cent sus.*

J'arrêtai son élan intempestif et immodéré par de sages paroles sur la tempérance et par l'offre d'une bouteille de limonade. — Il restait encore de la pièce de cinq francs de la veille.

Le lendemain nous arrivâmes à Privas presqu'à.... quatre pattes ; Dieu ! qu'elle est haut perchée cette préfecture !

Le service s'organisa et nous reprîmes nos habitudes journalières ; seulement, le dimanche, nous avions une variante à nos plaisirs.

Aux portes de la ville, il y avait une baignade en pente douce où nous prenions nos ébats ; c'était une sorte de baignoire d'une eau claire et limpide où il y avait place pour le timide prenant le bain froid à mi-jambes, aussi bien que pour le nageur habile qui pouvait évoluer à son aise en coupes hardies.

Quelques jours après notre arrivée, le sergent-major me prévint que j'étais demandé au rapport.

Que va-t-il m'arriver ?

LE COMMENCEMENT DES HONNEURS.

Les cadres des deux compagnies qui formaient la garnison de Privas n'étaient pas au complet; il y avait quatre postes à fournir dans la ville, de plus, il fallait quatre plantons gradés et, malgré cela, il était nécessaire de garder quelques caporaux et sergents pour l'instruction des recrues.

Le capitaine-commandant décida que trois ou quatre des élèves-caporeaux seraient choisis pour alléger le service des titulaires.

Demandés tous au rapport et interrogés l'un après l'autre, nous obtînmes, mes amis N..., N..., C..., et moi, l'honneur de passer fonctionnaires-caporaux.

Il faisait beau à voir le sérieux magnifique que nous gardions pour défiler à la tête de nos quatre ou six hommes de garde pour aller prendre possession de nos postes respectifs.

Quand le hasard nous faisait relever de garde l'un par l'autre, nous nous rendions les honneurs et le service avec le sang froid et la courtoisie de vieux officiers.

Notez en passant que, devant partir prochainement pour la Crimée, nous n'avions que des vestes, tandis que les hommes sous nos ordres portaient la tunique; ils étaient plus anciens de service, mais ils avaient moins travaillé leur instruction militaire.

UN AMI DE PLUS.

M. Henri C., alors préfet de l'Ardèche, avait un terre-neuve superbe. Un jour que j'étais de garde à la préfecture, mon service sur la consigne étudié, mes sentinelles placées, je me hasardai à me promener à l'entrée du jardin, le chien vint à moi comme pour m'inviter à faire une promenade avec lui, j'acceptai la compagnie, mais pas pour longtemps, il ne faut pas s'écarter de son poste ; je lui fis mes adieux et rentrai au corps de garde.

A ce qu'il paraît que ma société lui plaisait, car il vint me rendre sa visite, nous échangeâmes ces politesses plusieurs fois dans la journée.

Il était chez moi quand on m'apporta ma soupe ; pour nous lier tout à fait, je l'invitai à partager mon frugal ordinaire, il déclina mon invitation, se coucha à côté de moi et mit sur mes genoux sa bonne tête intelligente, semblant me dire : ne te gêne pas, mange mais franchement, tu n'en as pas trop pour toi ; puis, j'ai la mienne qui m'attend.

Chaque fois que je passais sous la porte de la préfecture, il ne manquait pas d'accourir joyeux me souhaiter le bonjour.

C'était une véritable amitié qui fut interrompue par :

LE DÉPART POUR LA CRIMÉE.

Quel est ce remue-ménage à la caserne, on crie, on chante, on se bouscule. — Qu'y a-t-il ?

« Tu ne sais pas, on vient de recevoir l'ordre du départ pour rejoindre le régiment. » — Vraiment ! — « Oui, le sergent-major vient de désigner ceux qui font partie du premier détachement. » — En suis-je ! — « Je ne t'ai pas entendu nommer. »

Je cours chez le fourrier, je le questionne :

« Non, me répond-il, vous ne partez pas. »

Je restai anéanti !

Comment, me disais-je, mes camarades vont rejoindre le régiment et je vais rester au dépôt !

Pourquoi? qu'ai-je fait?

Je me mets en tenue et me rends chez mon lieutenant pour lui demander le motif de cette exclusion ; il n'était pas chez lui. Suivant la voie hiérarchique, je vais alors chez mon capitaine lui exposer ma demande.

Mon ami, me répond-il, je suis comme vous, j'obéis aux ordres qui me sont donnés par mes supérieurs : j'ai reçu de la brigade l'ordre de faire partir trente hommes par compagnie, en commençant par les plus anciens ; vous êtes le trente et unième, vous devez rester ; mais, ajouta-t-il en voyant ma figure contrite, consolez-vous ; dans huit jours, dans deux jours peut-être, je recevrai l'ordre d'envoyer un autre détachement, vous serez alors le premier désigné ; puis, sachez bien ceci, que ce soit au dépôt ou à la portion active, quand on fait son devoir, on sert toujours son pays.

Je remerciai le capitaine et m'en retournai tout triste à la caserne, où la joie des partants éclatait en cris, en chansons et apprêts ; pour me figurer que je partais aussi, je me mis à les aider ; mais, hélas ! je n'eus pas le courage de les reconduire aux portes de la ville ; je restai couché avec la fièvre.

Il se passa huit grands jours, pendant lesquels l'ami V... et moi, nous fîmes notre service comme des âmes en peine.

Songez donc, tous nos amis étaient partis !

— Mais, quel est ce bruit ?

Un planton accourt tout essoufflé, s'écriant : « Demain, nouveau départ pour l'Orient ! »

Enfin !

— Cette fois, je pars, n'est-ce pas, major, dis-je à ce bon K... qui, lui-même regrettait ses galons qui le clouaient au dépôt.

— Oui, oui, répond-il, vous avez de la chance, vous ! vous pouvez partir.

Pauvre K..., la Crimée devait l'épargner ! Lieutenant à Reischoffen, il mourut en brave à la tête de son peloton.

. . . .

Le lendemain matin, notre détachement, conduit par le lieutenant, M. Frémy d'Argillère, se mit en route pour Valence, où nous devions prendre le chemin de fer jusqu'à Marseille.

Le voyage s'accomplit sans aucun incident à noter.

LA REVUE DE DÉPART.

Arrivés à Valence, nous complétâmes notre effectif avec les autres compagnies du dépôt.

Nous fûmes placés en bataille sur la place Championnet pour passer la revue du départ.

C'est toujours avec émotion — surtout pour les jeunes soldats — que l'on passe une revue ; or, c'était la première fois que je passais celle d'un général.

J'étais là, immobile et au port d'armes, quand le général s'arrêta devant moi...

Je fus l'objet des paroles suivantes, qui ne laissèrent pas que de me causer une vive appréhension : je voyais déjà mon départ mis en question.

LE GÉNÉRAL. — Il est bien jeune, ce soldat ! Quel âge avez-vous, mon ami ?

MOI. — Dix-huit ans, mon général.

LE GÉNÉRAL (*s'adressant au lieutenant*).—Autant que possible, Monsieur, il faudrait faire partir des hommes de vingt ans, au moins. (*A moi*) — De quelle ville êtes-vous ?

MOI. — De Paris, mon général.

LE GÉNÉRAL (*au lieutenant*). — Son instruction ?

LE LIEUTENANT. — Assez bonne.

LE GÉNÉRAL. — Son instruction militaire?

LE LIEUTENANT. — Très bonne, il faisait fonctions de caporal.

LE GÉNÉRAL. — Est-ce un bon sujet?

LE LIEUTENANT. — Très bon. (*Je raconte.*)

LE GÉNÉRAL (*se tournant vers moi*). — Préférez-vous rester au dépôt, vous allez passer caporal, ou préférez-vous partir?

MOI. — Mon général, je préfère partir avec mes camarades.

LE GÉNÉRAL. — Eh bien! partez donc, et conduisez-vous bien là-bas!

La revue terminée, on forma le cercle. Le général, dans une courte allocution, nous rappela les sentiments qui doivent animer le soldat français : l'élan pour combattre, le sang-froid et l'obéissance, l'honnêté, la dignité dans le malheur et la générosité après la victoire.

Ce discours fut terminé par le cri de « Vive la France! » cri cent fois répété par nous et la foule qui nous entourait.

EN CHEMIN DE FER.

Je ne crains plus rien, maintenant; je suis installé dans mon compartiment, et en route pour la Crimée.

Depuis Valence jusqu'à Marseille, ce fut une ovation continuelle; le laboureur quittait son champ, l'ouvrier son usine, le bourgeois sa maison, pour venir nous acclamer et nous souhaiter la victoire.

Après une courte station à Avignon, ce qui nous permit d'entrevoir le palais des Papes, nous reprîmes le chemin de fer et nous arrivâmes à Marseille à trois heures de l'après-midi, par une chaleur de juillet. Ouf! nous avions besoin d'air.

A MARSEILLE.

De la gare à la caserne des passagers, où nous fûmes dirigés, l'ovation se renouvela, mais diminuée toutefois par la tristesse qui régnait dans la ville.

Le choléra sévissait !...

Beaucoup de boutiques étaient fermées pour cause de deuil.

. . . .

Nous étions 130 hommes, conduits par un sous-lieutenant, M. Delsollier, qui, ne pouvant suffire à la besogne, s'adjoignit, comme fonctionnaires fourriers, mon camarade Castagnier et moi. Il fallait faire les états d'embarquement, les bons de vivres et de campement. Ce travail nous prit la fin de la journée et une partie de la nuit, ce qui nous empêcha de visiter la ville, dont l'aspect, du reste, était désolant, à cause de l'épidémie.

Le lendemain, munis de notre petit matériel de campagne, nous embarquâmes, reconduits par les adieux sympathiques et les bons souhaits des habitants des faubourgs.

. . . .

La vapeur s'échappe, le transport quitte doucement la rade...

Au revoir, France !

Reviendrons-nous ?

A BORD DU ***.

Fidèle à ma promesse de ne dire que la vérité, je suis forcé de vous avouer que je ne me rappelle plus le nom du bâtiment qui nous conduisait en Crimée. Depuis 1854, une absence de mémoire est excusable. Je me souviens seulement du vapeur qui nous ramena en France : *La Normandie*, je le consigne de suite afin qu'il ne m'échappe pas.

N'importe le nom du vaisseau, nous voici en pleine mer, — entre le ciel et l'eau — par un superbe temps de juillet. C'est un spectacle grandiose, mais on se lasse de tout, même des plus beaux tableaux, quand on a en perspective quinze ou vingt jours à admirer le lever et le coucher du soleil, dans l'espace restreint d'un navire.

Par bonheur, quelques camarades et moi avions eu la bonne idée d'embarquer avec nous la nourriture de l'esprit : des livres ; nous nous les prêtions mutuellement ; de la sorte, nous eûmes de la lecture pour tout le temps du voyage.

Il faut organiser sa vie.

Le matin, au réveil, commençaient les corvées et les travaux de propreté ; à neuf heures, le repas ; ensuite, appel et inspection ; puis liberté complète jusqu'à la soupe du soir. Nous goûtions fort l'ordinaire de la marine, meilleur que celui des troupes de terre, augmenté du café et d'un quart de litre de vin par homme et par repas.

Nous avions choisi pour la lecture le temps compris entre les deux repas. On s'abritait le mieux possible contre les ardeurs du soleil, mais il arrivait quelquefois, — j'en demande pardon pour moi et mes camarades aux auteurs des livres lus — la chaleur aidant, il arrivait que la lecture commencée finissait par une méridienne sonore.

Il faut dire, pour notre excuse, que le soir, lorsque la brise venait rafraîchir nos fronts brûlants, nous nous réunissions pour causer ou pour chanter, au grand plaisir et à la demande de plusieurs officiers anglais passagers, qui avaient obtenu pour nous, du commandant, la permission de dépasser l'heure réglementaire du coucher. Or, sans être chanteur le moins du monde (j'ai bien des défauts, mais je n'ai pas celui-là), je m'étais glissé parmi eux et je faisais dans les chœurs *une basse très inutile,* pour jouir des immunités accordées aux artistes.

. . . .

Il faut cesser les chants... le choléra est à bord...

On établit une ambulance sur le pont, tous rivalisent de zèle pour combattre le fléau et sauver les malheureux qui sont atteints.

A tour de rôle, tout le monde est garde-malade pour des soins demandant promptitude et énergie.

On en sauva beaucoup, mais hélas! nous dûmes, pendant le voyage, sur cent trente hommes de troupe, en laisser vingt-six dans les hôpitaux des ports où nous relâchions, et nous eûmes la douleur d'abandonner aux flots treize camarades!

Pauvres amis! partis plein d'ardeur pour combattre sous le drapeau du pays, ils n'étaient pas arrivés sur le théâtre de la guerre, que l'épidémie les frappait.

. . . .

Pour ne pas affecter le moral de l'équipage, on choisissait généralement la nuit pour leur donner la sépulture sommaire du marin : Une planche, un linceul, un boulet, et... c'est tout!

Que les prières ferventes de vos camarades vous accompagnent au ciel et soient une suprême consolation pour des parents qui ne peuvent pleurer sur une tombe!

. . . .

A Malte, nous fîmes relâche; pour aérer le bâtiment, on nous débarqua au lazaret — en quarantaine — c'est-à-dire que nous ne pouvions communiquer avec personne.

Des barques vinrent nous apporter des provisions; on nous les lançait avec des sortes de pelles très longues; la monnaie qui payait nos achats était jetée par les bateliers dans des seaux pleins de vinaigre.

Malgré la tristesse du moment, nous ne pûmes nous

empêcher de rire à la figure d'un Maltais — le gardien du lazaret, probablement. — Nous étions réunis sur le quai, lorsque ce gardien, ouvrant une porte extérieure, se trouva parmi nous. Sa tête était à peindre ! il était là, hésitant s'il devait retourner sur ses pas ou traverser la cour en risquant le contact des pauvres pestiférés. Tout d'un coup, prenant une résolution courageuse, il traversa les groupes pour gagner l'autre porte. Il fallait voir les soins qu'il prit pour ne toucher personne. Ses efforts furent couronnés de succès : il sortit sans encombre, et vous pensez bien que nous ne le revîmes plus.

Le lendemain, nous continuâmes notre route vers Varna, notre destination.

Vous parlerai-je de Stamboul ou Constantinople ? Non, — rassurez-vous — lisez les maîtres en description, vous serez aussi instruits que ceux qui l'ont vu, et — point désabusés.

En général, toutes les villes de la Turquie situées au bord de la mer, soit Constantinople, Gallipoli, Varna, etc., ont un panorama qui porte à la rêverie et transporte l'imagination aux contes des Mille et une Nuits; mais hélas ! la réalité, c'est-à-dire la promenade et la visite des villes, ramène bien vite au prosaïsme... Ce n'est plus l'Orient des conteurs et les Turcs d'opéra-comique.

En mer, on se dit : Que c'est beau, que je voudrais visiter cette ville... On débarque, et, après quelques heures de séjour — sauf les mosquées, les minarets et autres monuments qui ont leur page dans l'histoire des peuples — on se dit : quand partons-nous ?

Il faut dire avec le poète :

« Glissez, mortels ! n'appuyez pas. »

En un mot : passez, mais ne séjournez pas.

Voici Varna, nous allons voir nos camarades et le drapeau du 26°.

AU CAMP SOUS VARNA.

Notre débarquement s'opéra sans encombre. En traversant la ville pour rejoindre le régiment, nous pûmes nous convaincre *de visu* de la véracité du proverbe : Tout ce qui brille n'est pas or. Varna, après avoir frappé nos regards quand nous étions en rade, n'offrait plus, en le parcourant, qu'une ville assez avantageusement située, il est vrai, mais ses habitations mal construites — en bois pour la plupart — lui donnaient l'aspect d'un immense marché du Temple ou des Halles de Paris, avant leur transformation moderne.

Nous passons par la rue Ibrahïm, nous franchissons la porte du même nom, et, après une heure de marche dans la campagne, nous arrivons au milieu de nos camarades qui nous accueillent avec joie ; ils s'empressent de nous aider à l'installation de nos tentes, et à la préparation, en plein air, de notre repas, — nouvel apprentissage à faire.

Nous nous informons de nos amis du dépôt, ils ne sont pas encore arrivés. — Partis huit jours avant nous, ils arrivèrent trois jours après. — Cette réunion complète nous permit de nous habituer gaiement à la vie des camps, vie assez pénible, mais très saine pour le corps et l'esprit.

Au petit jour, le clairon sonne la diane, tout le monde se glisse hors de sa petite maison de toile pour répondre à l'appel ; on se réconforte avec le café, puis on se rend aux manœuvres, aux services divers, aux corvées, etc. Ces travaux conduisent jusqu'à la soupe ; à neuf heures, après le repas, nettoyage complet de l'armement et de l'équipement ; à dix heures *du matin*, la retraite est battue et l'on se couche... — Vous avez bien lu, — on se couche de dix heures à deux heures du soir.

La première fois, cela nous sembla très drôle, nous ne pouvions nous décider à nous coucher, le soleil nous contraignit à subir sa loi et à obéir à l'ordre reçu ; pendant ces quatre heures, il serait impossible de se livrer à aucun travail sans risquer une insolation.

A deux heures, appel en armes, sac au dos ; continuation des travaux du matin jusqu'à la soupe du soir ; ensuite, liberté complète — dans le camp. — On se réunit pour causer au feu du bivouac ; on se visite d'une compagnie à l'autre ; on va voir les camarades d'un régiment voisin. Après la retraite du soir, la ville de toile s'endort, le silence n'est troublé que par le cri répété des sentinelles et par les patrouilles ou les rondes.

Le dimanche, la division entière assiste au service divin ; — tout le monde connaît le superbe tableau d'Horace Vernet représentant *une Messe en Kabylie*, fidèle reproduction de ce spectacle imposant. — Que cela est beau et grand ! Le ministre de Dieu élevant les mains pour appeler la bénédiction du ciel sur ces dix mille guerriers assemblés. Tous les fronts sont inclinés, le canon tonne, les fanfares résonnent, les musiques jouent et le soleil vient dorer de ses rayons les armes et les uniformes !

Isolément, on se sent peu de chose, mais comme l'on est heureux et fier de se compter de cette noble famille qui s'appelle l'armée française et chrétienne ! Deux titres qui, malgré tout, seront toujours honorés et enviés !

. . . .

Après la revue des chefs de corps, le jour du repos est consacré aux amusements que le troupier français sait installer partout où il séjourne ; le théâtre surtout, ce fameux théâtre des zouaves dont vous avez entendu parler ; il était, je vous assure, à la hauteur de sa réputation. Il y avait aussi les groupes de chanteurs (généreux envers mes camarades, je me décidai à n'en plus faire partie), je restai auditeur assidu.

Vous voyez, mes amis, que l'on savait travailler et se distraire, la vie s'écoulait calme en attendant l'heure de l'action.

INCENDIE DE VARNA.

Un soir, déjà presque tous endormis, nous fûmes réveillés brusquement par la générale. Que se passe-t-il ? En trois minutes tout le monde est sur pied, attendant les ordres... Ils arrivent aussitôt. Le feu est à Varna ! Il faut descendre en ville au pas gymnastique.

Varna était alors un immense brasier... Le feu est attaqué vigoureusement par toute l'armée réunie : Anglais, *soldats turcs* (1) et Français, rivalisent de zèle dans l'intérêt commun... Songez que les flammes venaient à cinquante mètres de la poudrière !

Les marins, avec cette activité que nous leur connaissons, débarquent les pompes et s'efforcent de protéger, par une inondation incessante, les murs du bâtiment qui pouvait nous faire sauter tous.

Non, aucun pinceau, aucune plume ne saurait vous donner une idée exacte de cette magnifique horreur appelée : l'incendie de Varna... C'était un tohu-bohu, un pêle-mêle indescriptible, en un mot, un véritable enfer.

Ces milliers d'hommes, aux costumes divers, luttant avec énergie pour le salut de tous, au milieu d'une four-

---

(1) Je dis soldats turcs, car vraiment les habitants ne se montrèrent courageux que .. pour fuir au plus vite dans la campagne.

Je vis même plusieurs familles qui me firent penser à un tableau de genre que j'avais cru exagéré comme peinture des mœurs orientales. Hélas! non. Voici : l'homme ou plutôt le Turc fumant sa pipe avec dignité, gravement assis sur son âne, se sauve du désastre, pendant que les femmes et les enfants, chargés outre mesure, suivent péniblement le maître! Et bien, cela est rigoureusement vrai; j'ai vu mieux encore dans un autre incendie, à Bourgas (Turquie), mais n'anticipons pas, je vous raconterai cela à son moment.

naise qui grandissait en gagnant maison par maison, rue par rue.

Pour vous donner une idée de l'intensité du foyer, sachez que les ruines fumaient encore un mois après !

La part du feu ayant été largement faite, nos efforts furent couronnés de succès. — La poudrière était sauvée ! — On ne laissa plus que deux ou trois régiments pour continuer l'œuvre protectrice, le reste de l'armée reçut l'ordre de regagner ses campements respectifs, afin de prendre un repos bien légitimement acquis.

C'était le deuxième fléau depuis notre entrée en campagne, et notez que le choléra nous avait suivi et faisait tous les jours des victimes nouvelles.

IDYLLE ET MAÇONNERIE.

J'avais été envoyé en corvée chez le maréchal Saint-Arnaud, — j'étais en avance, — j'attendais dans la cour qu'il occupait.

Tout en fumant ma cigarette, j'admirais, en artiste, les cavaliers spahis de l'escorte; hommes et chevaux étaient du plus beau type africain; mon attention fut détournée par la vue d'une jeune Arménienne habitant la maison voisine, — le mari fumait sa longue pipe, avec la paresse qu'il faut dépenser pour se livrer à ce travail — la femme vaquait aux soins du ménage; tout était gracieux en elle, figure, costume, attitude, des mains, oh! des mains et des bras admirables : attaches fines, bras potelés, doigts effilés, ongles roses, — rien n'y manquait — je commençais à me raccommoder un peu avec les poëtes de l'Orient; je m'étonnais seulement qu'une personne aussi délicate, avec un costume ruisselant d'or, pût se soumettre à des travaux si ordinaires... J'en étais là de mes réflexions quand le maître daigna ouvrir la bouche et prononcer quelques paroles que, naturellement, je ne compris pas... Je vis l'esclave regarder la muraille extérieure de la maison... Il y avait une solution de continuité entre deux montants de bois... elle alla dans la rue, se baissa, ramassa... ce qu'elle trouva... boue et poussière, puis se servant de ses mignonnes mains comme d'une auge et d'une truelle, avec ces matériaux naturels elle fit une sorte de mortier et reboucha le trou qui permettait, sans doute, à l'air de caresser trop vivement le faciès de son auguste époux !

Je m'enfuis avec épouvante.

SÉJOUR A VARNA.

L'armée était partie pour commencer les opérations.

. . . .

Pour faire le service de la ville, garder le matériel et les provisions, on avait laissé les malades à Varna ; je fus du nombre de ceux-ci.

La veille du départ, une légère indisposition, due au régime du biscuit (que j'aimais beaucoup) et aux fruits trop verts, m'avait forcé à me présenter à la visite du docteur qui me désigna d'office pour rester avec les valétudinaires.

J'eus beau réclamer près de mes chefs — disant que ce ne serait rien, que je me sentais la force de partir avec mes camarades — rien n'y fit, je dus me résigner à rester.

. . . .

Nous passâmes à Varna des mois qui nous semblèrent d'autant plus longs que, tout en étant privés de partager les dangers et la gloire de nos compagnons, nous avions un service très fatiguant.

Nous étions relativement fort peu ; or, la garde des postes de la ville, des prisons, de la poudrière, des fourrages, etc..., les corvées au port pour le débarquement et l'embarquement des vivres, ne nous laissait pas un instant de liberté.

Quand j'avais, par hasard, un moment à moi, j'allais m'asseoir au bord de la mer, rêvant aux combats auxquels je n'avais pas l'honneur d'assister !

. . . .

Un jour, on vint me demander si je voulais être le secrétaire d'un intendant, j'acceptai avec joie.

Faute de ne pouvoir prendre ma part du feu de l'ennemi, j'estimai que me rendre utile par des travaux intellectuels ferait une heureuse diversion à mon chagrin.

Je me présentai à l'intendance pour me faire agréer.

Après avoir répondu aux questions de M. l'intendant, il me pria de tracer quelques lignes pour connaître mon orthographe et mon écriture.

Je pensais, *in petto*, que c'était aussi pour me juger moralement. — En effet, s'il suffit, comme on l'a dit souvent, d'une ligne d'écriture pour faire pendre un homme, trois lignes demandées, *ex abrupto*, doivent au moins le préjuger.

Je le sentais si bien, que j'étais là devant cette feuille blanche hésitant sur ce que je devais écrire... Me défiant de ma prose, je pris le parti d'emprunter au poëte ces lignes de son poëme l'*Amour maternel :*

> Le plus saint des devoirs, celui qu'en traits de flamme
> La nature a gravé dans le fond de notre âme,
> C'est de chérir l'objet qui vous donna le jour.

Par ce détour que je qualifierai d'adroit, je n'écrivais ni mensonge ni niaiserie. Je fus récompensé, car M. l'intendant voulut bien m'accepter pour secrétaire. Il me donna l'ordre de me tenir prêt à partir avec lui, le lendemain, pour Bourgas, où était son poste.

A BOURGAS.

Le lendemain, après une traversée de quelques heures, sur un des vapeurs du Lloyd autrichien, nous débarquâmes à Bourgas, petite ville très commerçante bâtie près du golfe du même nom.

. . . .

L'ingratitude étant la ressource des paresseux du cœur, je dois payer, ici, un juste tribut à la reconnaissance, en remerciant M. Lejeune (aujourd'hui sous-intendant militaire de 1re classe) de l'accueil paternel dont je fus l'objet dans mon service auprès de lui.

Placé, par ses soins, dans les bureaux de M. Daumas, officier-comptable, — quoique simple soldat, — je fus traité avec autant de considération que les deux autres secrétaires, M. D..., sous-officier du génie, et M. M..., sergent aux chasseurs à pied; je me sentais presque quelqu'un.

Avec les bons conseils de ces Messieurs, pendant les trois mois que je passai à l'intendance, j'appris la comptabilité administrative et militaire, ce qui me procura l'avantage d'être apprécié, comme comptable, à ma rentrée au régiment.

La mission de l'intendance, à Bourgas, était d'acheter des bestiaux et du fourrage, les garder en réserve, pour les expédier au fur et à mesure des besoins de l'approvisionnement de l'armée, soit à Kamiesch, soit à Balaclava.

Cinq ou six soldats d'administration composaient tout le personnel français de l'intendance, pour surveiller les magasins et les parcs. Ils étaient aidés, dans leur tâche, par des indigènes commandés par le vénérable Osmana, Turc authentique, remplissant les fonctions de chef de parcs.

Un bâtiment de commerce, nolisé par l'État, était notre stationnaire; il pilotait les navires entrant en rade et les conduisait renouveler leur provision d'eau à Foros, petite anse située au fond de la baie.

Un interprète et des *cavas* (gendarmes turcs) étaient aussi à notre disposition.

Chacun ayant sa besogne bien tracée l'accomplissait sans effort comme toute chose bien commandée et bien dirigée.

Le matin, à trois heures (c'était au mois de juin), MM. D..., M... et moi quittions notre couche extra-rudimentaire pour aller nous plonger dans la mer qui venait baigner notre habitation; nous nous reposions une heure ou deux, puis nous nous rendions au bureau.

Là, se succédaient les capitaines de navires, anglais, turcs, italiens, grecs et français, qui venaient signaler leur arrivée, prendre leurs ordres de chargement et régler leurs contrats.

Il fallait être un peu polyglotte pour répondre à tout le monde et s'en tirer sans trop d'embarras, l'interprète se chargeait des Turcs et des Grecs; au bureau, nous pouvions répondre aux Anglais et aux Français; pour les Italiens, le capitaine du stationnement faisait l'office d'interprète.

Je me souviens qu'une fois, étant seul avec Osmana, il m'arriva à la fois trois capitaines : un Turc et deux Italiens. Osmana parle au Turc, pendant que j'entretiens, *à peu près* les deux autres. A l'un, après avoir pris connaissance de ses papiers, je lui dis la phrase d'usage que je savais par cœur : *Avete dell' aqua, signore?* (Avez-vous de l'eau, Monsieur?) « *Si Signore* » (oui Monsieur), me répondit-il, *va bene!* (très bien!) lui dis-je, avec soulagement, et je le congédie.

Je passe à l'autre et lui répète mon unique phrase italienne : *Avete dell' aqua, Signore!* « *No Signore* » (non,

Monsieur), me répondit-il... Ne pouvant plus continuer en son langage, je pris le parti de mêler le français avec la pantomine (un Italien, il aurait dû la comprendre) et lui dis : Eh bien ! il faut aller là-bas, à Foros, pour en faire... Il restait me regardant, mais ne comprenant pas... Heureusement, M. Daumas, l'officier comptable, vint me délivrer, il savait l'italien, lui !

. . . .

Après le bureau, le soir, nous avions pour distractions : la promenade en mer, la réunion au café avec les négociants français de la ville, et l'équitation.

Les trois mois que je passai à Bourgas s'écoulèrent entre le travail et les modestes distractions que je viens de vous citer.

Pendant mon séjour, il se passa plusieurs incidents tristes ou gais que je vais relater.

ENCORE UN INCENDIE.

Après une journée bien remplie, nous allions goûter les douceurs du repos, lorsqu'un soldat accourut au bureau nous prévenir que le feu était en ville à deux pas de nos magasins de fourrage.

En une minute nous sommes prêts ; les livres et papiers de la comptabilité sont mis en sûreté ; je cours avertir M. l'intendant, je le trouve déjà sur le lieu du sinistre organisant les secours dont notre faible colonie pouvait disposer. — Les matelots du stationnaire débarquent aussitôt et viennent augmenter notre petit nombre.

Nous sommes peut-être vingt en tout, quand il faudrait que nous fussions cent ! Nous nous précipitons dans la fournaise, abattant et sapant tout pour préserver les habitations voisines. Après un calme relatif — tout danger n'avait pas encore disparu — il se passa un incident que je n'oublierai jamais :

M. Lejeune s'informe du Pacha (Maire) de Bourgas; que fait-il de son côté?... Sans doute avec ses serviteurs, ses *cavas* et ses indigènes il opère sur l'autre point de l'incendie... Bast! il n'y songeait guère... à quelques pas, sur un tapis posé bien carrément sur le sol, assis sur des coussins moelleux, notre pacha, entouré de ses gardes, fumait tranquillement sa longue pipe en humant son moka! (*sic*)

M. l'intendant ne peut en croire ses yeux, et se croit le jouet d'un rêve, il emmène l'interprète pour faire comprendre au pacha le TROP de dignité de sa conduite, et joignant l'action à la parole, il secoue le pauvre pacha qui n'en pouvait mais, et, le prenant par un bras, il le fait lever de ses coussins en lui montrant ses soldats et les nôtres comme comparaison.

Ce maire d'une ville qui pouvait brûler entièrement, finit par SENTIR ce que son devoir lui commande, — il fit entendre par quelques ha! ha! significatifs qu'il avait compris... et ses soldats s'unirent à nous pour conjurer le danger.

Au petit jour tout était éteint.

Le fatalisme oriental s'arrange mal de notre mot français : Aide-toi, le ciel t'aidera!

TOUJOURS LE CHOLÉRA. — ENTERREMENT D'UN CAMARADE. — DÉVOUEMENT DES SŒURS DE CHARITÉ.

Le choléra venait de faire apparition à Bourgas! un des nôtres fut la première victime.

C'était un soldat de la légion étrangère, qui était déjà l'ordonnance de M. Lejeune, quand il était capitaine, et qui n'avait pas voulu le quitter lors de son entrée à l'intendance.

M. Lejeune avait grande confiance en lui.

Un soir, après avoir pansé les chevaux, il vint me dire avec son accent étranger : « M. Rafenel, moi, être malate. » Il avait le frisson et pleurait presque, lui, ce grand gaillard, d'une vigueur et d'un courage à toute épreuve (il l'avait montré à l'incendie de Bourgas)... Je reconnais tous les symptômes du choléra, que je connaissais trop, hélas! — Je le fais coucher, j'appelle ses camarades, et nous nous mettons tous à le frictionner avec de la flanelle imbibée d'alcool, avec des brosses, avec les mains; nous lui faisons avaler des boissons chaudes et toniques. — Rien n'y fait. — Il noircissait à vue d'œil, et malgré nos efforts, en deux heures il passa dans nos bras!

Que cela est pénible et triste : se trouver une dizaine d'officiers et de soldats français dans une petite ville étrangère, et voir un des siens s'éteindre dans les convulsions atroces d'une maladie sans remèdes certains.

Nous eûmes la triste consolation de lui rendre de notre mieux les derniers devoirs. On passa la nuit près de lui, ses camarades confectionnèrent, tant bien que mal, un cercueil et une croix sur laquelle j'inscrivis son nom.

Le lendemain, notre petit cortège, conduit par M. l'intendant, qui pleurait comme nous tous, l'accompagna au champ du repos où nos prières et nos larmes durent remplacer la bénédiction du ministre de Dieu.

. . . . , ...

Sur le rapport de M. Lejeune, sur l'état sanitaire de la ville, deux des bonnes sœurs de charité dont le dévouement infatigable et les soins éclairés sont toujours au service de ceux qui souffrent, arrivèrent de Constantinople nous offrir le concours de leur abnégation sublime pour soigner les malheureux habitants dont l'incurie et la malpropreté propageaient le mal au lieu de le combattre.

Connu pour le secrétaire de M. l'intendant, et parlant quelques mots de turc (comme l'italien), j'accompagnai les bonnes sœurs dans leurs visites pour les faire respecter et veiller à ce qu'on suivît leurs prescriptions.

Leurs efforts ne furent point infructueux, elles arrachèrent beaucoup de malades à la mort qui les guettait.

Bientôt il ne fut plus nécessaire de les accompagner, tous s'inclinaient sur leur passage et c'était à qui les prierait d'entrer dans sa maison.

ÉPIZOOTIE.

Un malheur arrive rarement seul. Après le choléra dont, Dieu merci, nous n'aurons plus à parler dans le cours de ces récits, l'épizootie vint menacer nos troupeaux.

M. le vétérinaire Crochard, mandé par l'intendance, arriva en toute hâte et, en peu de jours, sut conjurer du danger tout le bétail confié à notre garde.

APPRENTI CAVALIER.

Par un beau dimanche d'août, notre petite colonie partit à cheval pour visiter une source d'eau chaude naturelle, située à deux lieues de Bourgas.

La chaleur nous invitant à une allure modeste, je laissai flotter mollement les rênes et me livrai tout entier à mes pensées.... parents, amis, Paris, passèrent tour à tour devant mes yeux fermés par cette douce rêverie du cœur....

Nous allions bientôt arriver à destination, lorsque sur le signal donné par M. Lejeune, la cavalcade quitta l'amble pour le petit galop; mon cheval, sans me prévenir ni me demander la permission, suit le mouvement général, pendant que, moi, je suivais toujours mes réflexions; je veux ressaisir les rênes, mais il était trop tard; j'avais perdu l'aplomb et je penchais hors montoir d'une façon qui eût été fort gracieuse pour un clown, mais qui était inquiétante pour la conservation de ma tête....

Un des interprètes me crie : « Eh ! Monsieur Ravenel, que faites-vous donc? » — « Parbleu ! répondis-je, vous le voyez bien..., je tombe !... »

En effet, je me décidai à descendre des hauteurs de l'illusion pour choir le plus prosaïquement du monde sur la réalité. Un bain, une tasse de café et une heure de sommeil me remirent en état de remonter à cheval pour rentrer à Bourgas.

UNE VISITE. — LA BOTTE HONORÉE.

A quelques pas de la ville, il vint s'établir le campement d'un escadron de volontaires. Dans cette troupe hétérogène et cosmopolite, dont je ne me rappelle plus le nom réel, il y avait des hommes de toutes les nations : des Anglais, des Italiens, des déserteurs russes, beaucoup de Polonais et quelques Parisiens, — des déclassés, sans doute. — Leur uniforme bizarre me les avait fait surnommer : les lansquenets.

Un soir, M. M.... et moi, nous dirigeâmes notre promenade du côté de ce campement. Le commandant, homme très aimable, nous fit les honneurs de sa tente et nous offrit le thé. Son domestique (un déserteur russe) se tenait à la porte, immobile comme une statue, — j'ai cru, un instant, qu'il était en bois. — Au moment du départ, sur un signe de son maître, il nous amena nos chevaux.

Pour nous mettre en selle, il fallut absolument nous servir de son échine comme marche-pied, puis il reprit sa position d'homme de pierre. Voulant le remercier de sa peine, je lui donnai quelques sous; alors... dans l'effusion de sa reconnaissance, il se précipite sur ma jambe, la presse contre son cœur, embrassa.... ma botte! et la replaça dans l'étrier; il en fit autant à M. M..., qui, pas plus que moi, ne connaissait ce mode de remercîment.

Après avoir pris congé de notre hôte, nous rentrâmes en ville, riant encore de l'honneur qu'on avait fait à nos bottes.

DÉPART DE BOURGAS.

Nous sommes en septembre 1855... l'assaut est donné... M. l'intendant, ayant des dépêches et des comptes importants à faire parvenir au grand quartier-général, me confie cette mission en me recommandant de rapporter, avec mes réponses, le plus de nouvelles que je pourrais recueillir.

Je dis au revoir à tous ces Messieurs, ignorant que les circonstances m'empêcheraient de revenir près d'eux. Merci encore et bon souvenir à tous.

DEVANT SÉBASTOPOL. — RENCONTRE D'UN AMI.

Parti sur un vapeur anglais à destination de Balaclava, où je devais trouver un cheval pour aller au plus vite au quartier général; mais la prise de Sébastopol avait occasionné une telle mutation dans les corps, que les officiers que j'espérais rencontrer là n'y étaient plus; restait la voiture *pedibus cum jambis*... Je la pris.

. . . .

Toutes mes courses sont faites et mes dépêches remises, la nuit est venue; la fatigue m'engage au repos.

Le lendemain, je m'informe du régiment; on m'apprend qu'il fait partie de la 1re division du 1er corps et qu'il est en route pour la vallée de Baïdar depuis deux jours... impossible d'aller voir mes camarades.

Tout désolé de ce contre-temps, je me dirigeai vers Kamiesch pour tuer le temps et pour déjeuner. — On devait me donner les réponses et les ordres dans l'après-midi.

Mon modeste déjeuner me coûte 6 fr. 50 ! Pour ne pas prendre le café tout seul, j'invite un soldat qui flânait par là ; deux cafés, total : 3 fr. 50 !...

Fumant mon cigare en me promenant dans le village, je rencontre un sergent que j'allais saluer militairement... Deux exclamations retentissent : — « Ravenel ! » — « Nodot ! » Et nous nous jetons dans les bras l'un de l'autre... Pendant dix minutes, les demandes se croisent ; — j'avais bien plus que lui de questions à lui adresser : — « Et un tel ? » — « Caporal, » — « Et un tel ? » — « Blessé. » — « Et un tel ? » — « Sergent. » — « Celui-ci ? » — « Fourrier. » — « Et celui-là ? » — « Tué dans la tranchée ! » — A peine remis d'une blessure, mon ami Nodot devait conduire, le lendemain, un détachement d'hommes restés au petit dépôt comme convalescents.

Vivement ému de ces nouvelles, je dis à mon ami : « Mon cher Alfred, je vois qu'avec vous il y a beaucoup
» de danger, mais qu'il pleut des grades ; je reste avec toi
» pour partager les uns et les autres. »

— « Et ta mission ? » me répondit-il ? — « Eh bien ! je
» vais aller prendre mes dépêches, les porter au capitaine
» du navire qui opère, en ce moment, le déchargement
» de ses marchandises ; je lui remettrai en outre une
» lettre d'excuse pour M. l'intendant et pour M. l'officier
» comptable, leur disant que je n'ai pu résister au désir
» de rejoindre mes camarades... Ils sont soldats, ils me
» comprendront et m'excuseront : d'ailleurs, si le colonel
» ne veut pas me garder, il me renverra ; c'est convenu,
» je pars avec toi. »

PARENTHÈSE.

Pour la seconde fois, une rencontre avec Alfred N... changeait la direction de ma route.

Dix-sept ans plus tard, ma bonne étoile devait me le faire rencontrer une troisième fois pour décider de l'évènement le plus sérieux et le plus doux de ma vie ; en un mot, quitter le camp des célibataires opiniâtres pour celui des maris heureux.

Non, je n'ai pu m'empêcher d'ouvrir, ici, cette parenthèse ; pour deux raisons : c'est dans la famille de mon ami que j'ai rencontré une compagne bonne et dévouée ; la reconnaissance me faisait un devoir de remercier, dans mon carnet, le compagnon d'armes et l'ami ; ensuite, pour vous, mes jeunes amis qui voulez bien me lire, je voulais vous souhaiter, quand l'âge sera venu, un bonheur égal au mien. Et vous, mes grands lecteurs — (?) — si vous trouvez la parenthèse intempestive ou trop anticipée, eh bien ! que ceux de vous qui ne sont pas heureux me jettent la première pierre..., j'espère bien ne pas être lapidé et... je continue.

RENTRÉE AU RÉGIMENT.

Notre petit détachement, conduit par mon supérieur et ami, partit le lendemain matin pour aller rejoindre le régiment.

Le premier jour, nous campons au camp des Piémontais, et deux jours après nous retrouvons le 26ᵉ campé sous bois.

Je fus accueilli comme un revenant ; c'était à qui aurait voulu m'avoir à dîner ; malheureusement j'arrivais le seul jour où les vivres furent rares. A la cantine, je pus trouver, moyennant trente sous! un petit pain et un verre de vin qui firent mon dîner.

La soirée se passa en visite à toutes les compagnies où je retrouvais les amis du dépôt devenus mes supérieurs : C..., caporal; B..., caporal; N..., sergent; P..., sergent.

Comme je l'ai dit plus haut, les vivres ce jour-là avaient fait un peu défaut (ce fut le seul jour pendant toute la campagne), ce qui fit répondre à mon sergent-major G... (un Parisien comme nous), à qui notre capitaine demandait : « les hommes ont-ils mangé à peu près? » — « Oh!
» mon capitaine. ils ont été très économes ; hier, ils ont
» trouvé des poires et ils ont gardé les queues pour au-
» jourd'hui. »

Cependant, le café ne leur manquait pas, ce bienfaisant café, à la fois le nutritif et le réactif des armées en campagne, nous réunit le soir au bivouac pour fêter mon arrivée. Le souvenir de notre camarade Darse, tué dans la tranchée, ne fut pas oublié dans notre causerie amicale ; l'heure du repos nous surprit au milieu de nos récits.

Il me restait à affronter la visite du colonel, visite qui devait avoir lieu le lendemain matin au rapport, afin de régulariser ma situation au corps.

DEVANT MON COLONEL.

Un peu de mise en scène devient, ici, nécessaire... Je portais les cheveux longs (et le colonel exigeait la titus absolue!) ma tenue se composait d'une capote, d'un pantalon blanc, de souliers fins et d'une calotte turque; tenue extra-fantaisiste, qui m'attira les regards courroucés du colonel pendant toute la durée du rapport; je lisais dans ses yeux : « Que fait là ce jeune homme, que veut-il? »

Le rapport terminé, il ne resta plus devant M. de Sorbiers, colonel du 26e, que G..., votre serviteur et un artiste qui dessinait près de la tente du colonel (cet artiste était un sergent de voltigeurs nommé Adolphe du G..., c'est un ami futur que je vous présente dès à présent).

Sur un signe de mon sergent-major, j'avançai pour entendre mon arrêt.

— Mon colonel, dit G..., voici une jeune soldat qui est arrivé hier...

— Qu'est-ce que c'est que ce petit *ioc*-là (1)? Que fait-il avec ses grands cheveux? Qu'attend-il avec sa calotte?

Sachant que le temps est compté et qu'il ne faut pas abuser des instants de ses supérieurs, j'exposai, brièvement, ma situation; je n'avais pas tout à fait terminé que le colonel m'interrompit...

— D'abord, vous vous ferez couper les cheveux !
— Oui, mon colonel.
— Puis, je vois ce que c'est : vous êtes un petit flâneur, vous avez fait tout ce que vous avez pu pour vous faire employer dans un bureau pour ne point partager les travaux de vos camarades; je ne ferai rien pour vous; vous allez rentrer à votre compagnie et faire votre service de soldat. Sergent-major, — dit-il en s'adressant à G..., — vous direz à votre capitaine, de ma part, que je lui défends de faire travailler ce jeune homme à la comptabilité de la compagnie. Ah! surtout, faites-lui couper les cheveux tout de suite.

Je me retirai, accompagné par G... et A. du G..., qui, en voyant les larmes que l'épithète de flâneur me faisait répandre, me consolèrent de leur mieux. — Flâneur, moi ! qui venais volontairement rejoindre mes compagnons. Il

---

(1) *Ioc*, mot turc, qui signifie : *non*. Nous appellions ainsi les Turcs, parce qu'ils se servaient le plus souvent de cette particule négative, en réponse à nos demandes; ne nous comprenant pas, ils croyaient se moins compromettre en répondant toujours, non.

est vrai que le colonel ne m'avait pas laissé achever mon Odyssée ; ils ajoutèrent :

— C'est un excellent homme ; mais il aime peu les soldats employés dans les bureaux et il a les cheveux longs en horreur.

Ces maudits cheveux étaient la principale cause de l'algarade que je venais de subir... Aujourd'hui, j'aurais moins à les craindre.

SOLDAT DU CENTRE.

Il m'était permis de rester, cela me consola des mésaventures de ma réception. On me donna le fusil et les cartouches d'un soldat qui entrait à l'hôpital ; j'étais armé, mais peu vêtu pour la saison ; en Crimée, au mois de septembre, les nuits et matinées sont froides.

Comme je n'avais ni sac, ni couverture, le soir venu, je me glissais en paria sous une tente où il y avait une place libre, une pierre ou un bidon me servait d'oreiller ; aussi, j'étais toujours le premier levé et toujours prêt à partir en embuscade ou en reconnaissance. Je mettais une fiévreuse activité à prouver que je n'étais pas un flâneur !

Après ces nuits peu capitonnées et deux heures d'embuscade dans les broussailles par la rosée du matin, le petit jour me trouvait raide de froid ; pour me dégourdir, j'allais à la corvée du génie pour le percement d'une route. Le maniement de la pioche me réchauffait le sang, me donnait des ampoules et de l'appétit.

. . . .

Un jour, pendant une halte, mon capitaine, M. Wagrez, me demanda du feu.

— Ah ! c'est vous, Ravenel, racontez-moi donc votre histoire, je la sais imparfaitement.

Je me rendis à son désir...

— Ce que vous avez fait là est très bien ; je ne comprends pas pourquoi le colonel vous a frappé d'une sorte d'ostracisme, en me donnant des ordres très sévères à votre égard... Je suis content de votre zèle et de votre conduite, et je tâcherai de vous faire rentrer en grâce auprès de lui.

— Merci, mon capitaine.

On se remit en marche.

Plusieurs jours se passèrent. Un matin, je profitais d'un rayon de soleil, pour blanchir mon unique paire de guêtres... J'étais en train de me décerner un brevet de blanchisseuse émérite, lorsque je vois quelque chose de noir pénétrer sous ma tente... C'était un brave sapeur qui me dit :

— C'est d'il doi qu'est Rafenel ?

— Oui, c'est moi.

— Fa foir la golonel tu te suide, tu te suide.

— Diable, fis-je, je ne suis pas en tenue et le colonel veut être obéi *au pas gymnastique*. Hâtons-nous, me dis-je, tout en me demandant ce que je pouvais bien avoir encore fait. J'arrivai presque en même temps que le sapeur.

RÉCOMPENSE.

Nous étions revenus au même campement du jour de mon arrivée : devant la tente du colonel, la mise en scène est la même que lors de ma présentation, sauf G..., qui est remplacé par l'adjudant de semaine.

— Vous ne m'aviez pas dit que vous étiez chargé d'une mission et que vous deviez retourner à l'intendance.

— Mon colonel, vous ne m'avez pas laissé achever...

— C'est bien, allez écrire vos nom, prénoms et numéro

matricule sur un carré de papier et donnez-les à l'adjudant de semaine, vite, vite...

Je cours exécuter l'ordre et je reviens en courant encore.

— M. Lejeune m'écrit pour me redemander son secrétaire dont il a besoin, je viens de lui répondre que moi aussi j'ai besoin de vous et que je viens de vous nommer *caporal de voltigeurs !*

Ah! mes amis, je vous assure qu'il faut avoir passé par ces émotions successives pour les comprendre; vous vous les expliquerez mieux que je ne saurais les décrire en vous rappelant l'effet que fit sur votre cœur l'appel de votre nom au concours général ou à la distribution des prix. On se rappelle toute la vie le premier prix et le premier grade mérité et obtenu.

J'éprouvai donc trois émotions, — comptez bien, — au mot de *nommer* j'avais la certitude de passer voltigeur ou grenadier, soldat d'élite, enfin ; au mot de *caporal*, ma joie devint plus forte; et, lorsque le colonel prononça de *voltigeurs,* je ne pus que balbutier un remercîment. Songez-donc, en une seconde, de soldat du centre passer caporal de voltigeurs !

Le colonel ajouta :

— Vous allez partir pour Kamiesch, au petit dépôt, pour vous équiper au complet; faites vos bons *vous-même,* faites-les signer au capitaine et revenez le plus tôt possible; nous sommes ici pour trois jours. Faites votre service de caporal comme vous avez fait celui de soldat et... nous verrons. Ah! dans le temps que vous aurez de libre, *je veux* que vous aidiez votre sergent-major, comme élève-fourrier.

A-je besoin de vous dire que tous mes camarades s'empressèrent de me féliciter. Adolphe du G... quitta son dessin pour me dire :

— Je suis heureux pour vous, recevez mes compliments; nous ferons plus ample connaissance, car je suis le sergent de votre subdivision. Vous voyez que vous aviez tort de vous affliger de la réception du colonel; c'était un mal pour un bien.

LE PAIN TROUVÉ.

Pour aller au petit dépôt, je parcourus le même itinéraire que j'avais suivi en compagnie de N...

A moitié route, je fis la rencontre d'un officier, à cheval, que je ne reconnus pas tout d'abord... C'était M. Daumas, l'officier comptable de Bourgas; promu à un grade supérieur, il avait changé de résidence. Il me demanda ce que je faisais sur la route; je lui racontai mon aventure et ma nomination; il me complimenta, me souhaita bonne chance et prompt avancement.

Une fois équipé, je repris, pour la troisième fois, le même chemin, ne m'arrêtant qu'au camp des Piémontais, pour dîner avec un musicien du 74°, mon compagnon de route depuis Kamiesch... Sa femme était cantinière et il venait de faire des achats pour la cantine; la nuit commençait à venir, et lui et moi tenions à rentrer le jour même...

Nous nous trouvâmes perdus en plein bois; il m'avait dit connaître un chemin plus court, et il nous avait égarés... Que faire?... Je ne me souciais pas du tout de me diriger sur le camp russe et de me faire prendre prisonnnier. Je lui dis :

— Nous n'avons qu'un parti à adopter, couchons-nous là, l'un veillant l'autre; demain matin, nous retrouverons facilement la division.

— Non, non, ma femme serait inquiète, il faut que je rentre.

— Mais, malheureux, il vaut mieux passer une nuit à la belle étoile que d'aller à l'ennemi; les feux de bivouacs que vous voyez et que vous voulez rependre pour guides, ne sont peut-être pas les feux français ; c'est bien assez d'avoir suivi, une fois, vos conseils, voyez le résultat; partez si vous voulez, moi je reste...

Il partit (j'ai su depuis qu'il était arrivé exténué, au petit jour). Je défis mon petit bagage ; je m'enveloppai dans ma couverture, je chargeai mon fusil, je passai, tant bien que mal, la fin de la nuit.

Le matin est venu et avec lui les tiraillements de l'estomac. — Allons, me dis-je, hâtons-nous, je trouverai mon déjeuner au camp. En me baissant pour faire mon sac, j'aperçois un objet, perdu sans doute, par mon entêté musicien : c'était un joli petit pain blanc qui arrivait fort à propos. — C'est égal, me dis-je en le mangeant, si le cantinier a semé ainsi ses provisions tout le long de la route, il n'aura pas rapporté grand chose à la cantine ; n'importe, la manne est tombée du ciel, profitons-en !

CAPORAL DE VOLTIGEURS.

Après ce frugal repas, le jour étant venu tout à fait, je pus facilement retrouver le campement français.

Me voici installé dans ma nouvelle compagnie, à la tête de quatorze voltigeurs ; j'organise ma petite comptabilité de caporal : d'abord, le contrôle de toute la compagnie pour pouvoir commander justement les hommes de corvée — quand je serai de semaine, en suivant le tour de rôle ; sans cela, les réclamations pleuvent dru comme grêle, — les anciens soldats sont à cheval sur le règlement, — ils ne veulent pas être *carottés* (pardon, de cette expression militaire), — c'est-à-dire que, lorsqu'il faut commander une corvée subite et que le sergent ou le caporal de semaine est forcé de prendre les hommes présents pour la faire exécuter, il faut pointer cette corvée à ceux qui la font hors tour et suivant la catégorie, car il y a des corvées plus ou moins longues ou fatiguantes ; or, le service marche bien mieux quand il est équitablement réparti.

Ensuite, j'établis mon livret d'escouade avec tous les renseignements que le chef doit posséder. Nom et prénoms, numéros matricules des hommes, numéros de l'armement et de l'équipement.

Je passai l'inspection des objets de campement : bidons, marmittes, gamelles, hachette et sac à distribution.

Tout ces petits détails accomplis, j'étais encore un caporal à accomplir, ce fut le but de mes efforts.

Il me fallait alors en plus de moi, veiller et surveiller ma petite famille ; le caporal est responsable de son escouade, le sergent de sa subdivision, l'officier de sa section et le capitaine de sa compagnie. Il en est ainsi jusqu'au plus haut grade ; la responsabilité augmente en raison de l'importance du commandement.

Dans les compagnies d'élite la surveillance est facile ; les soldats qui en font partie ont l'amour-propre de justifier le choix dont ils ont été l'objet, très rarement ils encourent les reproches ou la punition ; d'ailleurs, une faute grave ou des punitions trop fréquentes les feraient remettre dans les compagnies du centre.

Quand je n'étais ni de semaine ni de service, j'allais me joindre, le soir, au groupe de nos amis ; nous fumions, nous prenions le café et notre causerie s'étendait invariablement, — une fois les événements du jour épuisés, — des souvenirs du passé aux espérances de l'avenir. Nous avions à peu près tous vécu dans le même milieu, à Paris, et s'il y avait des différences dans la position de nos familles, l'instruction de l'école ou du collége et l'éducation du foyer nous avaient donné les mêmes sentiments du cœur ; la vie de Paris avait unifié nos goûts ; nous nous servions de la discussion en matière d'art ou de littérature plutôt pour nous éclairer et nous instruire que pour disputer. Nous ne parlions jamais politique !

Par ce programme, vous pouvez juger que nous passions des soirées délicieuses, et plusieurs officiers ne dédaignaient pas d'y prenre part.

Les jours d'arrivée du courrier, c'était grande fête ; on se lisait les lettres de la mère, du père, de la sœur, de l'ami, de la cousine. Combien il était doux, après une journée de fatigue, de se reposer dans le tendre épanchement de la correspondance si impatiemment attendue ! Quoique séparés par des centaines de lieues on se croyait au milieu de sa famille. Involontairement, on se serrait la main, croyant serrer celle d'un père ou d'un frère et, quand chacun regagnait sa petite maison de toile, plus d'un baiser s'envolait dans l'air à l'adresse des êtres chéris qu'on aurait voulu presser sur son cœur. Celui qui n'avait pas reçu de lettre ce jour-là, avait été heureux des nôtres, il s'endormait en disant: attendons l'autre courrier !

. . . .

L'hivernage dans la vallée de Baïdar devait régulariser et mieux ordonner nos réunions amicales, je vous les raconterai sous peu, nous ne sommes encore qu'en octobre.

Je vais, en attendant, vous raconter quelques incidents de ma vie de caporal.

DE GARDE AU DRAPEAU.

Le premier tour de garde qui m'arriva me désigna pour le drapeau. En campagne, le drapeau doit être placé sur les chevalets au centre du front de bandière du régiment et gardé par une sentinelle fournie par un poste de soldats d'élite.

Ce jour-là l'emplacement qu'occupait le régiment n'avait pas permis de suivre l'ordonnance réglementaire, et le colonel avait décidé que, suivant l'usage en pareil cas, il garderait le drapeau chez lui et que le poste s'établirait dans une masure à deux pas de sa tente.

A la garde montante, je défile et je me rends à l'endroit indiqué, je prends possession de mon poste dans toutes les règles, — le colonel était là.

Après avoir installé mon factionnaire et fait former les faisceaux, le colonel m'appela.

— « Eh bien! Caporal, faites vous bien votre service?
— Mon colonel, je fais de mon mieux.
— « Travaillez-vous chez votre sergent-major?
— Oui, mon colonel.
— « Très bien! nous verrons si votre capitaine est content. Nous allons, peut-être, rester ici quelques jours, voici du papier, des plumes et de l'encre, vous allez me faire la consigne du chef de poste de garde au drapeau chez le colonel, et vous la collerez dans l'intérieur de cette masure.

La chose me demanda un quart-d'heure, mais ce quart-d'heure me sembla long, car le colonel suivait mon travail pour voir si je ne me trompais pas.

— « Maintenant, vous allez laisser quatre hommes ici et vous en aller avec les deux autres chercher du bois dans la montagne; les nuits sont froides, vous ferez un bon feu qui vous réchauffera et moi aussi. »

Me voilà parti avec mes deux voltigeurs à la recherche et à la confection de deux fagots.

Arrivés au bord du bois, j'avise un tronc d'arbre énorme.

— Quel dommage! dis-je, que nous ne soyons que trois, voici une pièce qui nous éviterait d'aller plus loin!

Un de mes deux hommes, — un nommé Boucher, — s'arrête et me dit: — « Vous avez raison, brigadier » — il affectionnait de m'appeler ainsi, en souvenir du temps où il était dans la cavalerie; *sa faible constitution* l'avait forcé à entrer dans l'infanterie. — « Vous avez raison, brigadier » — répéta-t-il, « allez avec l'autre chercher un fagot, moi je me charge de ce morceau de bois; » en effet, il mit debout le tronc d'arbre et le chargea tout seul sur son épaule et s'en alla tranquillement!... moi qui estimais qu'il fallait bien quatre hommes pour en venir à bout ! Il était rentré au camp avant nous, le colonel lui fit servir un petit verre... il l'avait bien gagné.

LE PAIN PERDU.

Tous les trois jours, nous avions une ration de pain frais; après avoir mangé pendant deux jours du biscuit, on n'était pas fâché de voir arriver la distribution du pain, que l'on ménageait avec une sorte de tendresse, pour la portion de lard ou de viande du repas du soir. Le matin, avec le café, nous prenions du biscuit, légèrement trempé dans l'eau, puis grillé sur des charbons; au déjeuner, on confectionnait, avec du biscuit pilé et du lard, une sorte de bouillie appelée *turlutine*, c'était vivement fait et très nourrissant.

Ceci doit vous donner la mesure du prix que nous attachions à l'arrivée du fameux troisième jour et la déception que je dus éprouver dans l'aventure suivante.

Je vous ai dit que nous étions en première ligne; à tour de rôle, un bataillon du régiment était de service pendant quinze jours aux avant-postes; il occupait les villages situés autour de la vallée de Baïdar.

Ce bataillon se gardait, lui-même, par des grand'gardes et des postes détachés qui se dissimulaient dans la montagne.

L'attention devait être à la hauteur de la responsabilité qui nous incombait; songez que les postes veillaient pour le bataillon, le bataillon gardait la division qui, à son tour, défendait toute la plaine et protégeait le corps d'armée.

Un jour, j'étais de garde et commandant d'un poste détaché ; la journée se passa sans autre incident que la visite de l'officier de service.

Un peu avant la nuit, on vint m'apporter mon dîner accompagné de mon pain (*c'était le jour de distribution!*). Je me mets à table aussitôt, les préparatifs ne sont pas longs, je vous assure : s'asseoir par terre, tirer son couteau, sa cuiller, faire sauter le couvercle de la petite gamelle, et, l'appétit aidant, se mettre à l'œuvre... Dix minutes après, j'étais au dessert de... la cigarette.

J'avais été très ménager de mon pain, pensant au lendemain, ma ration était presque intacte ; je la déposai avec soin à côté de mon sac.

La nuit venue, j'allai passer l'inspection de mes factionnaires, doubler la sentinelle avancée, leur donner la consigne de nuit, et leur recommander la plus grande vigilance.

A deux portées de fusil, on distinguait parfaitement la vedette cosaque.

Vers les quatre heures du matin, un coup de feu retentit... En un instant, mes hommes et moi, comme mûs par un ressort, nous sommes debout, sac au dos ; une de mes sentinelles avancées arrive dans le même moment, conduisant un paysan russe ou tartare ; c'est un espion qui n'a pas été atteint par la balle de mon factionnaire.

Il parlait le turc ; tant bien que mal, je l'interroge, et je crois être à peu près sûr qu'un corps russe est en marche pour nous surprendre.

Je disposais de fort peu d'hommes, dix, je crois ; je fais garder à vue mon prisonnier, et je fais espacer mes sentinelles de façon à pouvoir, sans crainte que la surveillance en souffre, détacher deux voltigeurs pour conduire l'espion s'expliquer avec les interprètes du commandant des avant-postes.

Au bout d'une heure, pendant laquelle nous restâmes sur le qui-vive, je reçus l'ordre de faire replier mon poste, sous la conduite du plus ancien soldat, sur le village de Baga, et d'aller donner les mêmes instructions au dernier poste, à l'extrême droite de nos grand'gardes.

Après une marche d'une demi-heure, je parvins à trouver ce poste, commandé par mon ami, le sergent Adolphe du G...

Je me fais reconnaître du factionnaire en lui donnant le mot d'ordre, et j'arrive, après bien des détours, près de mon ami.

— Que se passe-t-il ? quel est ce coup de feu que j'ai entendu ?

Je lui raconte ce qui s'est passé et ce qu'il faut faire.

Il rassemble son monde et nous voici sur le point de départ.

Il fait l'appel.

— Nous y sommes ! dit-il, allons, *Zo!* en route.

— Il paraît, lui dis-je, que tu as remplacé le commandement de par le flanc droit-à-droite, par le monosyllabe *Zo!*

— C'est plus expressif, me répond-il.

. . . .

Arrivés au village, nous trouvons le bataillon sous les armes et prêt à marcher en attendant la division ; mais ce n'était qu'une fausse alerte, et une démonstration avortée des Russes.

Au jour, chacun regagne son cantonnement, je fais de même ; mais en arrivant dans la maison qu'occupait mon escouade, je m'aperçois avec chagrin que je n'ai plus mon pain.

Dans la précipitation de mon appel aux armes, j'avais bien pris mon sac et mon fusil, mais j'avais complètement oublié de prendre mon pauvre pain.

J'interroge mes voltigeurs pour savoir si l'un deux a pris la précaution pour moi : ils n'ont rien vu.

Je retourne au poste, espérant que mes remplaçants l'auront trouvé... Rien, rien !

Mes soupçons ne pouvaient se porter que sur les Russes, et je ne pouvais à moi seul aller le leur demander, ou sur l'espion qui avait été conduit au quartier-général ; de toute façon, il était bien perdu.

Voilà bien des paroles, me direz-vous, pour un morceau de pain. Hélas ! mes chers amis, on en dit souvent de bien plus inutiles pour moins que cela.

Un morceau de pain, dans l'abondance, peut être une aumône efficace ; dans la disette, il peut être la vie et l'honneur !

UNE EXPÉDITION PACIFIQUE CHEZ LES TATARES.

En 1858, on a pu voir, à l'Exposition des Beaux-Arts, un petit tableau de genre, portant le titre ci-dessus ; cette toile, signée Adolphe du G..., était de notre ami du 26°.

Voici ce qu'elle représentait :

Un paysage près de Baga formait le fond du tableau ; à gauche, au petit plan, une maison turque, ombragée par des arbres séculaires ; au second plan, du même côté, se tenait une mégère, ordonnant à un essaim de jeunes femmes aux costumes étincelants, de rentrer à la maison ; elles obéissent, mais comme à regret en jetant des regards obliques à deux militaires français qui sont sur le premier plan, à droite. Le premier, jeune homme à la moustache noire, a l'air de parlementer avec la maîtresse du logis, pendant que le second, à la figure imberbe et railleuse, contemple la scène sans se mêler à l'action.

On s'arrêtait volontiers devant cette page intime, qui sans avoir la prétention des grandes toiles historiques,

rappelait les souvenirs encore récents de la campagne de Crimée.

Les amateurs cherchaient en vain l'esthétique de l'ouvrage; comme acteur du sujet, je vais vous l'expliquer.

Nous étions alors, aux premiers jours du mois de novembre; j'étais tout triste de ne pouvoir assister à la fête de ma bonne mère, la sainte Élisabeth, et de ne pouvoir, au moins, lui adresser avec ma lettre, à défaut de ma présence, les quelques objets du pays qu'une famille turque m'avait donnés pour elle.

Mon ami du G... vint me tirer de la peine où je me trouvais, en me proposant de faire mon portrait.

C'était une excellente et généreuse idée qui conciliait tout. La Criméenne, les guêtres bulgares et la calotte turque rappelleraient très bien la couleur locale; la poste se chargerait parfaitement du transport d'un dessin, et le changement qui s'était opéré sur ma physionomie depuis dix-huit mois, la moustache commençait à poindre, les insignes de caporal de voltigeurs, tout cet ensemble devait faire grand plaisir à ma mère, à ma famille, et être le meilleur des cadeaux de fête.

C'est ce qui arriva du reste, le portrait fut accueilli avec joie; et l'artiste fut considéré, dès ce moment, comme étant de la famille.

Il est aujourd'hui capitaine, décoré pour sa belle conduite à Reischoffen, où il reçut une glorieuse blessure; j'espère bientôt voir mon peintre ami de la vallée de Baïdar, avec l'épaulette de l'officier supérieur.

Le portrait avait été fait pendant notre quinzaine de service à Baga; le pacha ou gouverneur du village assista à l'une des séances. Nous lui offrîmes: siége, tabac et café; il resta gravement muet (pour cause), une heure environ, puis se retira en nous faisant comprendre qu'il serait heureux de nous recevoir chez lui.

Le surlendemain, il faisait un temps superbe, nous n'étions pas de service.

— « Si nous allions rendre visite au pacha, dis-je à du G... » -

— « Volontiers, me dit-il, prends ton fusil et partons. »

— « Mon fusil! mais nous n'allons pas le tuer, je suppose? »

— « Sans doute, mais en côtoyant la Tchernaïa, si nous rencontrons quelque canard sauvage, cela ne ferait pas mal pour ajouter à notre ordinaire. »

— « Soit, partons. »

Saint Hubert protégea les canards, mais hélas! un malheureux oiseau tomba sous nos coups, vous dire son nom serait chose impossible; quelques plumes retrouvées çà et là attestèrent seules notre forfait; ce fut un massacre inutile, un bien faible rôti.

Nous arrivons à la demeure du pacha et bientôt l'explication du tableau va commencer.

Nous heurtons à la porte, un indigène vient ouvrir; en nous voyant, il nous referme immédiatement la porte sur le nez.

Cette façon peu hospitalière nous surprend tout d'abord, — sans doute, il a une consigne sévère, — comme nous sommes invités, nous insistons en frappant à nouveau; ce gardien féroce entrebâille la porte et nous lance son impitoyable *ioc! ioc!*

Je veux lui faire entendre raison, — peine bien inutile, — impatientés, nous passons outre et nous pénétrons dans le jardin.

A peine avions-nous fait une dizaine de pas en nous dirigeant vers la maison, que de véritables cris de paon se font entendre.

C'est toute la famille féminine du pacha : femme, mère, sœurs, nièces et filles, qui faisait irruption dans l'allée où nous nous trouvions.

— « Elles ont peur de nos fusils, fis-je à Adolphe. »
— « C'est juste, dit-il, déposons les armes. »
Les cris continuent toujours.

Je me décide alors à contempler la scène, laissant mon camarade s'expliquer, par pantomine, à la douairière qui, finissant par comprendre, donne l'ordre à tout son monde de rentrer au logis, et nous fit signe d'attendre.

Ces dames regagnèrent la maison, une à une, courant dès qu'elles passaient devant nous. Aux dernières marches du perron, chacune se retournait, nous regardant curieusement, prononçait quelques mots de colère ou de bienvenue, je l'ignore, puis passait sous la porte comme une poule entrant au poulailler.

Enfin, le supplice de l'attente cessa, la vieille nous invita à monter à notre tour et nous introduisit au salon de son maître.

Le portier récalcitrant nous fit asseoir sur des coussins somptueux et nous apporta chibouques et café.

Le maître de céans arriva presqu'aussitôt, faisant un salut gracieux, il prit place à nos côtés.

Nous fîmes seuls, du G... et moi, les frais de la conversation ; de temps à autre, un mouvement de tête approbatif nous prouvait consciencieusement que le pacha ne comprenait pas un traître mot, malgré les effets de notre mimique et quatre ou cinq mots turcs dont nous nous servions pour lui être agréable.

Pour rompre la monotonie, nous lui proposons de faire son portrait, ce qu'il refusa énergiquement, mais que du G... fit tout de même plus tard, de mémoire.

Aujourd'hui les Orientaux confient, sans scrupule, la reproduction de leurs traits aux peintres et même aux photographes.

Nous primes congé de notre hôte, en nous promettant bien de ne plus le déranger. Mettre une maison en révolution pour une visite qui nous amusa si peu, c'est trop.

Cependant cette promenade fournit à mon ami le sujet d'un bon tableau, et, à moi, un chapitre de plus à mes mauvais récits.

Je tâcherai de vous intéresser davantage dans celui d'un mariage tatare auquel nous avons assisté.

FONCTIONNAIRE-FOURRIER.

Le sergent-major d'une compagnie du 3ᵉ bataillon était à l'ambulance depuis deux mois; le fourrier tomba malade aussi; le colonel décida qu'il ne serait pas pourvu de suite à leur remplacement, mais qu'un sergent et un caporal des compagnies d'élite viendraient tenir les deux emplois durant l'absence des titulaires.

Du G... fut désigné pour être le fonctionnaire sergent-major et je lui fus adjoint pour les fonctions de fourrier; c'était un pas de plus vers le grade de sous-officier. Mes camarades me félicitèrent, et le premier courrier pour France porta cette bonne nouvelle à ma famille.

Nous venions à peine de rentrer des avant-postes, il fallut y retourner avec le 3ᵉ bataillon qui prenait son tour de service.

La compagnie, où nous servions momentanément, occupa Kalendé; c'est dans ce village que, grâce à mes nouvelles fonctions, nous fûmes invités au mariage dont je vous ai parlé au dernier chapitre.

UNE NOCE TATARE.

Pour aller chercher les vivres du bataillon de service, — la distance étant assez longue, — le fourrier de semaine était autorisé à réquisitionner plusieurs arabas (*voitures du pays*), moyennant la rétribution de deux francs par voiture; c'était à qui, des paysans de Kalendé, offrirait la sienne, — deux francs d'argent français étaient une somme pour eux. — Un brave homme, père d'une nombreuse famille, m'avait offert ses trois arabas ; il était travailleur, — ce qui est rare dans ces pays, — sa bonne figure, ses qualités, et le besoin que je lui connaissais, m'avaient fait accepter ses services ; tous les deux jours je lui faisais gagner six francs, car j'avais engagé mes camarades à le prendre pour convoyeur ; ajoutez à cela que, de temps à autre, ses enfants venaient manger à notre petite *popote*. (C'est ainsi que l'on désignait la table des sous-officiers ou des officiers, vivant à frais communs. Ce terme est remplacé, aujourd'hui, par le mot anglais : *Mess*.)

Quelquefois j'étais chargé, par nos amis, de distribuer du biscuit aux petits enfants, de sorte que dans le village et chez notre homme, j'étais appelé : *le capitaine Biscuite*.

Pendant une quinzaine à Kalendé, notre convoyeur maria son fils, il voulut absolument que nous vinssions assister, Adolphe et moi, au dîner de famille ; pour ne pas le désobliger et pour nous rendre compte des coutumes du pays, nous acceptâmes.

A notre arrivée, la famille masculine : père, frères, oncles et amis, était déjà réunie ; on n'attendait plus que nous deux pour commencer le festin ; festin bien modeste, je vous assure, composé de petits morceaux de mouton grillés et fichés de place en place dans une montagne énorme de riz à la graisse ; chacun avait devant soi une petite tasse contenant une sorte de confiture, un peu de pain noir et de l'eau.

Invités, plats et ustensiles, le tout était sur le sol, point de siéges, ni de coussins, — nous étions chez de pauvres gens.

Heureusement, nous avions eu la précaution d'apporter nos cuillères ; nos hôtes prenaient, sans scrupule, avec leurs doigts ; voyant la chose, nous eûmes le soin de détacher du plat commun notre part, et nous la mîmes devant nous en réserve.

L'appétit se contenta de part et d'autre. Nous nous disions de temps et temps : Mais je ne vois pas le marié ? où peut-il bien être ? Nous avions remarqué un jeune garçon, debout dans le fond de la salle et le visage tourné du côté de la muraille ; sans doute il est en pénitence, il a été placé là par son père pour quelque faute... Nous allions implorer son pardon, quand tout à coup il arrive vers nous, se précipite à nos pieds, nous prend la main, la porte à ses lèvres et ensuite à son cœur ; il en fait de même à tous le monde à la ronde, et... va reprendre son ancienne place... nous étions ébahis ! Le père nous fit comprendre que c'était le marié ! C'était probablement un beau jour pour lui, mais il était peu récréatif... il ne lui était pas permis de manger ce jour-là !... pendant le café, il recommença la cérémonie du baise-mains, nous avions la plus grande peine du monde à tenir notre sérieux.

On étouffait de chaleur dans la pièce où nous nous trouvions, nous sortons pour respirer, et... un peu pour essayer de voir ce qui se passait du côté féminin de la noce.

Au travers de la porte, notre indiscrétion nous permit de juger que c'était encore moins gai : Figurez-vous une salle d'école d'un pauvre hameau, quelques bancs sur lesquels sont assises une quinzaine de femmes dont on ne voit que les yeux. La mariée, le visage tourné aussi vers la muraille, se tient droite et immobile ; le silence n'est troublé qu'à de rares intervalles par une parente ou une amie qui se lève, dit quelques mots et se rassied... C'est plus triste que chez les hommes, et de plus, on ne mange pas !

Nous jurâmes de décliner désormais toute invitation à une noce tatare.

HIVERNAGE.

Nous sommes au mois de décembre 1855. L'état-major général avait décidé que chaque corps garderait la position qu'il occupait dans le moment, et prendrait ses dispositions pour un hivernage sédentaire.

Le service était ainsi partagé par régiment : un bataillon de service aux avant-postes ; le deuxième bataillon partait le matin vers trois heures et rentrait à neuf heures ; le camp était gardé, pendant ce temps, par le troisième bataillon.

On construisit des baraques. Chaque escouade ayant la sienne, on mettait tout son amour-propre et tous ses soins à préparer un logis qui devait former un appartement complet pour abriter la petite famille pendant un hiver qui promettait d'être rigoureux.

Le sol, creusé à la profondeur voulue, on établissait la toiture, en ménageant une sortie pour le tuyau de la cheminée, car nous avions une cheminée, à deux usages, pour nous réchauffer et pour faire la cuisine, mettez un banc circulaire devant cette cheminée et vous aurez d'abord trois pièces : cuisine, salle à manger et fumoir ; un clayonnage comme lit de camp, voici une chambre à coucher très convenable ; un côté de la baraque est réservé au râtelier d'armes et aux ustensiles, c'est la pièce aux débarras ; l'espace libre était pompeusement appelé : le Salon.

Ainsi accommodés, je vous promets que bien des taupes dans leurs trous, beaucoup de lapins dans leurs terriers, auraient envié notre sort !

Vous le voyez, mes amis, il y a loin de cette existence à celle du foyer de la famille. Eh bien ! malgré cela, nous étions gais et contents ; et le bien-être relatif du second hiver de la campagne nous fit oublier les misères du premier, qui, cependant, nous avait trouvé également pleins d'ardeur et d'entrain ; c'est que, voyez-vous, pour la gloire et l'honneur du pays, on doit savoir supporter toutes les souffrances. L'abnégation et le devoir forment les hommes et les font véritablement forts.

. . . .

Nous avions organisé des soirées sérieuses !... Nous avions nos jours de réception : aujourd'hui aux voltigeurs du 1er, demain aux grenadiers du 2e, jeudi à la 3e du 3e, dimanche à la brigade ; cette dernière était très suivie : nous nous réunissions chez les secrétaires du général : de B... et P...; cela manquait bien un peu de glaces, de punch et de gâteaux, mais un peu de café ou de thé, des flots d'éloquence ou... de bavardages, force cigarettes les remplaçaient faute de mieux; puis, si nous manquions de musique, nous avions du moins les musiciens du 26e. On se quittait à dix heures, on regagnait sa rue et sa baraque à tâtons, quand la lune faisait défaut ; en mauvais diables que nous étions, on riait fort, quand l'un de nous se laissait choir dans l'ornière du chemin, on lui recommandait alors l'usage du bâton protecteur ; souvent, par farce et par taquinerie, on cachait ledit bâton de celui qui avait eu le soin de se munir... Oh! nous n'étions pas parfaits!

. . . .

Avant d'arriver au printemps de 1856 et de parler d'un événement qui intéressa personnellement votre serviteur, je vais vous raconter deux épisodes de l'hiver.

UNE FAUSSE ALERTE.

C'était un matin, pendant une reconnaissance du côté de Worontzoff.

Le bataillon marchait depuis deux heures environ, sans avoir rien rencontré d'anormal ; tout à coup on s'arrêta...

Nous faisions peu de bruit déjà... c'était l'ordre... Mais alors cela devint un silence de mort. Nous restons ainsi quelques instants, puis, avec un pressentiment de combat, chacun arme son fusil; dans la nuit, enveloppé par le brouillard, les pieds dans l'eau, le craquement de la batterie de plusieurs centaines de fusils, produit un effet que je ne saurais décrire; le tableau de Protais : *Avant le Combat,* le dépeint mieux que la plume la plus habile. C'est le moment suprême où l'on dit à son arme et à soi-même : « Faisons notre devoir. » En une seconde, on a revu tout le passé, embrassé d'un seul baiser tous ceux que l'on aime et offert son âme à Dieu... Au moment de s'élancer en avant, le commandant donna l'ordre aux clairons de sonner la marche du régiment... un autre clairon répond aussitôt par la marche de la division... C'est le bataillon du 74e qui, opérant de l'autre côté, se trouvait devant nous. Sans la sonnerie de reconnaissance nous allions, peut-être, nous entr'égorger dans le brouillard.

BAGA, 8 DÉCEMBRE 1855.

Hélas! cette fois, ce ne fut point une fausse alerte... L'ennemi avait descendu la montagne avec l'intention de nous surprendre, de démolir nos baraques et de nous forcer à quitter la vallée de Baïdar.

Une forte avant-garde essaya d'occuper Baga; le poste avancé se replia (c'était l'ordre qu'il avait), sur la grand'-garde, commandée par le lieutenant Brounet, qui s'élança aussitôt à la tête de sa troupe en criant : *En avant, mes amis, vive la France!* Il n'avait pas achevé ces mots, qu'il tombait, frappé d'une balle en pleine poitrine. Il expira en arrivant à l'ambulance. Pauvre Brounet! brave soldat et bon fils, il soutenait sa mère avec sa solde !

ENFIN !

L'hiver se passa sans autre incident à vous relater.

Je ne dois pas oublier, cependant, le départ pour la France d'une division de l'armée ; elle allait recevoir du pays l'accueil sympathique et chaleureux que pinceaux et plumes retracèrent avec tant de vérité.

Par les lettres de la famille et par les journaux nous apprîmes, avec une juste fierté, les détails de l'ovation que Paris fit à nos camarades.

. . . .

Le printemps, par sa douce influence, nous forçait déjà à vivre un peu moins renfermés dans nos cahutes.

..... Un matin, immédiatement après le rapport, on sonne à l'ordre ; en qualité de fonctionnaire fourrier, je cours aussitôt à la baraque de l'adjudant de semaine, M. Amat de L..., charmant homme, qui savait allier, avec beaucoup de tact (ce qui n'est pas commun), la fermeté du commandement à l'aménité du caractère ; j'étais le premier arrivé, les sergents-majors n'avaient pas encore copié le service du jour ; plusieurs d'entre eux viennent me serrer la main en silence, — je m'étonne de tant d'amabilité, et je suis encore plus surpris de voir l'adjudant sourire en me regardant ; — je me tâte, j'examine si quelque chose dans ma tenue peut prêter à rire ?... Rien. « Qu'ai-je donc, mon lieutenant ? — Attendez, vous allez le savoir. » Mes camarades sont arrivés, on fait l'appel ; le sourire de l'adjudant ne cesse toujours pas, sergents-majors, fourriers, continuent à me regarder ; cela commençait un peu à m'agacer de servir d'objectif à une trentaine de personnes, quand, sur l'ordre de M. Amat, le silence se fit.

« Ecrivez, » nous dit-il.

ORDRE DU RÉGIMENT.

Le caporal Alphonse Ravenel, des voltigeurs du 1er bataillon, est nommé sergent-fourrier à la 4e compagnie du 3e bataillon.

Le colonel : DE SORBIERS.

Sourires et regards sont alors expliqués.

Les félications et la cordialité de mes amis me touchaient autant que ma nomination.

« Enfin ! mon cher Ravenel, te voilà des nôtres, tu es sous-officier. »

J'étais tout joyeux de me promener dans le camp avec mes quatre galons d'or !... Excusez-moi... j'avais dix-neuf ans !

Ai-je besoin de vous dire que j'annonçai, le jour même, cette bonne nouvelle à mes parents ; le mot sergent-fourrier était écrit en grosses lettres, afin de frapper leurs regards à l'ouverture de ma missive.

SOUS-OFFICIER.

Il y eut *punch*, ce soir-là, à la baraque de la 4e du 3e. Dans la journée, je fis mes visites de remercîment au colonel et à mes officiers, ainsi qu'à ceux des deux autres compagnies qui m'avaient demandé comme fourrier. Il est impossible d'être fourrier ou sergent-major sans être demandé par un commandant de compagnie. Le colonel nomme de son plein gré les caporaux, les sergents et même les adjudants, s'ils sont portés sur le tableau d'avancement ; il nomme également les fourriers et les sergents-majors, mais sur un état de proposition du capitaine, qui présente trois postulants au choix du colonel.

Le lendemain, c'était fête au régiment : revue, reconnaissance d'officiers, de sous-officiers; distribution de croix et de médailles.

Le régiment, en ligne de bataille, est inspecté par le colonel, pendant que la musique joue ses motifs les plus brillants; après la revue, M. de Sorbiers distribue croix et médailles aux méritants; musique, clairons et tambours alternent pour honorer les récompensés. Vient le tour de la reconnaissance des officiers et des sous-officiers, devant la compagnie à laquelle ils appartiennent.

Ce n'est pas sans émotion que l'on entend dire : « Au nom du souverain : officiers, sous-officiers et soldats ! vous reconnaîtrez pour votre capitaine M. Dubreuil, ici présent, et vous lui obéirez en tout ce qu'il commandera pour le bien du service et l'exécution des lois et règlements militaires, » les tambours et clairons ferment le ban et la musique reprend son air de triomphe.

C'est un spectacle grandiose et imposant qui laisse de doux souvenirs au cœur d'un soldat.

PARADE MILITAIRE.

Hélas ! toute médaille a son revers. Le même spectacle, — donné pour la récompense, — se reproduisit, à peu de jours de distance, pour le châtiment de deux coupables. Malgré l'éloquence de quelques-uns d'entre-nous, — avocats de circonstance, qui montrèrent beaucoup de talent, — deux soldats furent condamnés : l'un à la peine de mort et l'autre à la prison, avec la dégradation militaire. Le premier avait frappé un supérieur, le second avait volé ! Dieu merci, ces cas-là sont rares dans l'armée française, grâce aux exemples d'honneur et de probité donnés par tous. Quand un membre de cette noble famille commet une faute faisant tache, il faut que la punition du coupable rassure les forts et réagisse sur les faibles. Ces deux soldats appartenant à notre division, nous dûmes assister à l'exécution de la sentence prononcée contre chacun d'eux. C'est une impression pénible qu'on ne peut jamais oublier. Jetons un voile sur ce sombre tableau et pensons aux bruits qui circulent dans le camp : armistice, paix prochaine, retour en France.

AVANT LE DÉPART.

En effet, en attendant la paix probable, un armistice avait été décidé.

Tous les cœurs se dilataient à la pensée d'un retour prochain dans la mère-patrie ; les lettres se croisaient, apportant l'espoir mutuel de se revoir bientôt.

Au camp, on travaille beaucoup. Les exercices de détail et les grandes manœuvres alternent ; autant pour achever l'instruction des jeunes soldats récemment arrivés que pour initier au commandement les nouveaux promus : officiers et sous-officiers.

La théorie récitative. — cette bête noire de tout le monde en général, et des fourriers en particulier ; — la théorie est recommandée à la surveillance toute spéciale des adjudants-majors. Que de luttes et de diplomatie ces officiers sont obligés d'employer pour amener les fourriers à la sonnerie de la théorie ! Oh ! ces derniers ont toujours des prétextes à donner ; ils savent, au besoin, en inventer : c'est une distribution par-ci, des états à fournir par-là ; aussi, quand on les tient... s'ils ne savent pas... gare à la consigne et à la garde du camp (salle de police des troupes en campagne).

Je me souviens qu'un jour, le grand V... et moi, nous avions été vraiment occupés à l'heure indiquée pour la théorie, nous nous rencontrons et nous nous félicitons d'avoir pu, *légalement,* échapper au monstre... Soudain, un planton, semblant sortir de terre (il nous guettait, le traître), nous remet un petit papier contenant l'ordre exprès d'aller chez M. l'adjudant-major Champion, excellent homme que nous avions surnommé le père des sous-officiers. Il n'y avait pas de prétexte possible ! — C'est formel. Nous nous dirigeons, la tête basse et la mine contrite, vers la baraque de M. Champion; d'une voix éteinte, nous demandons s'il est chez lui...

— Il est parti faire une promenade à cheval, répond l'ordonnance.

Oh ! bonheur ! Alors, relevant fièrement la tête, nous nous écrions :

— On ne peut donc plus réciter sa théorie, maintenant !
— Mais me voici, mes amis, je reviens pour cela.

C'était l'adjudant-major qui rentrait... Tableau !... Naturellement, je n'ai pas besoin de vous dire que nous ne savions pas un mot de la leçon.

M. Champion nous fit une petite morale qui nous valut mieux que la punition qu'il était en droit de nous infliger. Il nous fit comprendre l'utilité de la théorie, pour l'avancement, d'abord ; puis, il nous démontra que, pour avoir le droit de commander, il fallait savoir obéir et savoir son métier pour porter dignement un grade. Nous lui promîmes d'être moins légers et de lui donner toute satisfaction à l'avenir. Nous tînmes parole.

. . . .

Avant notre départ je me souviens encore d'une petite anecdote dont j'ai été le témoin.

J'étais de grande semaine. C'était la veille de l'Ascension ; le colonel avait ordonné exercice pour le lendemain. Croyant à une erreur, le commandant me chargea d'aller faire remarquer, de sa part, le fait au colonel.

Chemin faisant, je rencontre M. Duplessis, notre lieutenant-colonel (aujourd'hui général de division) (1), il me

---

(1) Mort en 1878 des suites d'une chute de cheval.

demande le but de ma course; je lui explique la commission dont j'étais chargé.

— C'est bien, me dit-il, allez. N'êtes-vous pas Parisien, fourrier?

— Oui, mon colonel.

— Eh bien! nous allons bientôt rentrer en France, et, probablement, nous serons désignés pour tenir garnison à Paris; vous serez heureux de revoir votre famille.

— Oui, mon colonel, après deux ans d'absence!

— Oh! je comprends cela; je suis certain que vous ne serez pas fâché d'aller de temps à autre manger la soupe chez vos parents.

— Dame!... oui, mon colonel.

— Surtout, il ne faudra pas oublier l'heure de la rentrée.

Il me quitta pour rentrer chez lui et je me trouvai aussitôt en présence du colonel, qui se promenait devant sa baraque.

— Que voulez-vous, Ravenel?

Je lui fais part de l'avis du commandant.

— Pas d'exercice demain! pourquoi?

— Mon colonel, c'est demain l'Ascension.

— Ah! oui, l'Ascension, c'est une grande fête, c'est vrai... Eh bien! il y aura exercice tout de même... travailler, c'est prier... Vous allez dire au commandant qu'il y aura exercice demain, que le colonel l'a dit. Vous lui direz cela sans vous mettre en colère... vous entendez, fourrier?

— Oui mon colonel.

Je partis donner la réponse, tout en me demandant pourquoi le colonel avait ajouté: Sans vous mettre en colère... Avais-je donc l'air si désappointé ou furieux en entendant cette réponse?

De fait, l'exercice n'eut pas lieu le lendemain. Après la messe à la division, nous eûmes liberté complète comme le dimanche.

LE DÉPART.

Enfin ! la paix est signée ! Le départ s'effectue division par division. Notre régiment, étant en première ligne, doit s'embarquer le dernier.

Nous étions restés seuls au camp de Morwinoff; la musique du 26e fut la dernière entendue dans la vallée de Baïdar.

Nous mîmes deux jours pour nous rendre à Kamiesch, qui était devenue une véritable ville avec théâtre, etc.

On jouait, ce soir-là, *l'Apprenti*. Les artistes durent nous prendre pour des fous; nous l'étions en effet... de joie.

Du côté matériel, ce qui nous plaisait le plus à désirer, c'était un lit, avec des draps blancs... Depuis vingt-deux mois, nous dormions tout habillés. Plus de crainte de se réveiller au milieu de la nuit pour arrêter les progrès d'une petite rivière qui vient creuser son lit dans la petite maison de toile... C'est la neige qui fond !...

Tout est oublié, on va revoir la patrie !

Le lendemain, nous embarquons sur la *Normandie*, un nom de bon augure qui nous convie à chanter :

> Je vais revoir ma Normandie,
> C'est le pays qui m'a donné le jour.

A bord, c'est la même existence que j'ai essayé de vous dépeindre pour l'aller; seulement le sentiment et les pensées ne sont plus les mêmes. Au départ, on avait hâte d'arriver pour servir la France, partager la gloire des camarades et voir du pays; au retour, on a hâte d'arriver pour revoir son pays et sa famille.

Nous passons devant Stamboul et nous faisons escale à Malte, où nous obtenons la permission de descendre à terre.

Nous ne sommes plus des pestiférés, cette fois !

A MALTE.

Profitant aussitôt de la permission accordée, Henri N... et moi, nous sautons dans le canot d'un marchand qui, en quelques minutes, nous conduisit à terre.

Dans notre précipitation, nous avions dédaigné l'ordinaire du bord; aussi notre premier soin fut de chercher à réparer cet oubli... volontaire.

Nous arrivions mal... tous les débitants ont portes closes à l'heure du service religieux; cependant, après bien des recherches, nous découvrons, au fond d'une cour, l'office d'un pâtissier... Quelques gâteaux, un verre de *soi-disant* Rosolio, voici notre repas achevé...; en route pour visiter les deux parties de l'île de Malte.

Fidèle à mon principe, je ne vous ferai pas, ici, un mauvais tableau; pour le même motif, je ne vous raconterai ni l'historique de la ville, ni la tradition des chevaliers de Rhodes.

J'ai pour habitude, lorsque je suis pour peu de temps dans une ville que je vois pour la première fois, de la parcourir rapidement en tous sens, afin de tout voir au moins superficiellement, sauf à acquérir après, par l'étude, la connaissance exacte et le pourquoi de ce que j'ai remarqué; le contraire vaudrait mieux, mais à l'impossible...

J'avais, en mon ami Henri, un compagnon du même avis.

Notre costume bizarre de Criméens nous attirait les regards des dames de la ville; elles bravaient les ardeurs du soleil et les dalles brûlantes pour se rendre à la messe. Toutes, riches ou pauvres, portent une coiffure encadrant le visage et retombant sur les épaules; en dentelle ou en étoffe, cette coiffure est d'un effet fort gracieux.

Le terme accordé pour la permission approchant, il fallut s'arracher au spectacle de cette charmante ville, et, malgré la cordiale réception des soldats anglais de la garnison, nous dûmes retourner à bord. Une corvée désagréable m'attendait. Il est vrai que dans l'exécution de cette corvée, j'obtins une douce compensation. Vous allez en juger.

LA ROSE D'ADIEU.

Avant de faire voile et vapeur sur Marseille, notre point de direction, le commandant fit faire l'appel et l'on constata l'absence de trois soldats ; — nous avions encore une heure avant le départ, — le commandant me donna l'ordre de prendre le canot et d'aller chercher les retardataires.

Je trouvai mes trois gaillards se disputant dans une auberge, à qui ne paierait pas la bouteille consommée ; à ma présence, le calme se fit, on régla la dépense et l'on partit ; mais voici qu'arrivés sur le quai, la discussion recommence et menace de dégénérer en rixe, — influence du soleil... et de la maudite bouteille. — Craignant un accident dans le canot, j'ordonnai aux matelots et aux hommes de garde d'embarquer mes trois mauvaises têtes dans un chaland et de les remorquer jusqu'à la *Normandie*.

Ils y mirent, paraît-il, un peu de brusquerie, car une jeune fille, qui assistait à la scène, vint me trouver et me le faire comprendre avec des yeux et des gestes suppliants ; je me rendis volontiers à cette observation. — Occupé à répondre à une personne qui me demandait un renseignement, je n'avais pas vu ce qui se passait ; — j'engageai mes hommes à employer un peu plus de douceur envers leurs camarades.

J'embarquai à mon tour et donnai le signal du départ ; puis, saluant la jeune fille, je lui montrai ses **protégés**, doucement installés au fond du chaland.

Elle me rendit mon salut, et, comme **remerciment** sans doute, elle me jeta la rose qu'elle tenait à la main !...

EN FRANCE !

« Vers les rives de France, voguons en chantant. »

Avec quel cœur et quel entrain nous entonnâmes ce chant français dès que nous pûmes distinguer les côtes. C'est un cri, c'est un délire indescriptible !...

Nous arrivions un dimanche, le 15 juin 1856 ; ce fut un beau jour et une grande fête pour nous !

. . . .

Je touche aux dernières lignes de mon carnet, amis lecteurs ; permettez-moi de vous remercier de votre bon accueil et pardonnez-moi de vous avoir ennuyé si longtemps par le récit de mes impressions.

Vous excuserez aussi les *moi* et les *je* qui se répètent bien souvent ; le *nous*, préférable peut-être pour l'élégance du style, me semblait bien prétentieux et n'évitait pas le personnalisme. Je ne suis rien moins qu'un littérateur, — vous avez dû vous en apercevoir, de reste, — je suis un peu soldat, un peu comptable et pas du tout écrivain. Je raconte.

Encore une fois, merci de votre indulgence, et pardon si mes lignes n'ont point été à la hauteur de la bonne intention qui les dictait.

. . . .

Le 26ᵉ fut désigné pour Montélimar, avec divers détachements à Valence, à Annonay et à Crest.

On travaille beaucoup... L'inspection générale devait avoir lieu en août, tout le monde tenait à honneur de paraître, comme instruction et comme tenue, digne de ce beau régiment.

J'étais surchargé de besogne, mon sergent-major étant malade, je dus remplir les deux fonctions ; le tiers du cadre ayant été congédié à notre retour en France, je n'étais aidé par personne... une avalanche de salle de police vint fondre sur ma tête... Ce n'était pas mon supérieur qui me punissait... c'était le règlement... Admirable chose que la discipline ! Le subordonné n'en veut pas au chef qui lui inflige une punition, il sait bien qu'il est impossible qu'il en soit autrement. De son côté, le supérieur sait juger et la moralité et la conduite habituelle de son inférieur, il faut savoir les causes qui ont amené la faute; il adoucit ou augmente sa peine à sa juste appréciation.

L'inspection se passa fort bien; le général félicita tout le régiment.

Après ce temps, nous eûmes un calme relatif; les permissions et les congés furent donnés à tour de rôle. Pour les fourriers et les sergents-majors, c'est toujours plus difficile à obtenir, vu les écritures qu'il ne faut pas négliger.

Enfin, après presque trois années d'absence, on m'accorde huit jours, avec défense expresse de demander une prolongation... et j'avais vingt-trois heures de chemin de fer pour aller, autant pour revenir, soit six jours seulement à Paris!...

SIX JOURS A PARIS.

Le 14 octobre 1856, Du G... et moi, nous arrivâmes à Paris, à quatre heures du matin.

Avec quelle joie! quels transports! je fus accueilli à la maison paternelle... tout le monde veillait en m'attendant... Je passais tour à tour des bras de ma mère adorée à ceux de mon bon père, de mes tantes, de mes oncles, cousines et cousins... Quel bonheur!... A peine étions-nous remis de notre émotion, qu'un pas léger se fait entendre... C'est ma bonne grand'mère, qu'on n'avait pas osé réveiller... A quatre-vingts ans, on a besoin de repos... Oui, c'est ma grand'mère qui, malgré sa paralysie, a réussi à s'habiller sans le secours de personne, pour venir embrasser son petit-fils... Bonne chère grand'mère ! Elle n'a pas assez d'yeux pour me regarder ; elle promène sur moi ses mains tremblantes, pour s'assurer qu'elle ne rêve pas !

— C'est toi !... c'est bien toi !... Tu ne t'en iras plus, n'est-ce pas ?...

Ah ! mes amis, on est trop payé de ses peines, quand, avec la satisfaction du devoir accompli, on peut se sentir ainsi l'objet de tant d'affection !

De tous ceux qui m'attendaient en ce jour heureux, combien ne sont plus, hélas !...

C'est avec les yeux voilés par les larmes, le cœur plein de leur doux et cher souvenir, que je retrace ce feuillet de mon carnet.

Six jours seulement ! C'était peu : le temps s'écoule si rapidement, quand on est heureux comme je le fus pendant mon séjour en permission.

Voyant le 21 octobre arriver à pas de géant, j'eus une envie démesurée de tenter la demande d'une prolongation ; mais, — me souvenant de la défense formelle du colonel, — je dus me résigner et m'abstenir de toute démarche de ce genre.

Cela me semblait si bon de vivre, pour quelques jours, de ma vie d'autrefois : en famille ; de sortir avec mes amis, de visiter mes connaissances, puis, après avoir parcouru mon cher Paris, de rentrer dans ma chambre de garçon, où je retrouvais encore d'anciens compagnons : mes livres et mes habits de *Pékin*.

Je dus, forcément, refuser bien des invitations ; avec la meilleure volonté du monde, je ne pouvais accepter que six déjeuners et autant de dîners, et je me devais d'abord à mes parents... Enfin je fus fêté et choyé en véritable enfant gâté.

. . . .

On ne connaîtrait certainement pas la joie du retour, si l'on n'avait pas eu le chagrin du départ et les émotions de la séparation ; mais après avoir goûté le bonheur de se revoir, s'il faut encore se quitter, je trouve que les seconds adieux sont plus pénibles que les premiers. On se dit avec angoisse : nous reverrons-nous ? Ce fut ce que je ressentis en embrassant pour la seconde fois mes parents et les amis qui m'accompagnèrent au chemin de fer ; malgré ma ferme volonté de rester stoïque, je ne pus retenir mes larmes !...

En wagon, une sotte personne se chargea de me tirer de la rêverie où j'étais plongé. Elle commença par me demander si je n'étais pas capitaine !... ensuite, parce que j'étais fourrier au 26ᵉ, je devais, *naturellement*, connaître son frère, qui était caporal au 27ᵉ (*sic*). Inutile de vous dire que je quittai le compartiment : cent quarante-trois lieues en semblable compagnie... je ne me sentais pas ce courage.

RETOUR AU RÉGIMENT.

De retour à Montélimar, je fus, pendant quelques jours, en proie au mal du pays ; la vie en commun, la force de l'habitude me firent prendre le dessus et le moral reprit son état ordinaire.

Il me resta le souvenir charmant de mes six jours à Paris, comme consolation dans mes moments d'ennui.

. . . .

Sans jamais avoir été fourrier, un sergent peut être nommé sergent-major ; mais il n'en est pas de même pour le fourrier, qui doit, pendant trois mois au moins, faire le service de sergent de subdivision, avant d'être demandé comme sergent-major d'une compagnie.

Ce stage, je fus appelé à l'accomplir à ma rentrée au corps ; par une heureuse diversion à la monotonie du chiffre, il contribua beaucoup à la guérison de mon spleen.

Le sergent commande à deux escouades ; son service, d'ailleurs, est semblable à celui du caporal : gardes, plantons et semaine.

. . . .

La première partie de ma carrière militaire n'offre plus, mes jeunes amis, d'anecdotes à vous raconter. J'ai beau interroger ma mémoire... je vous ai tout dit.

Quand je dis adieu au régiment, presque tous les sous-officiers vinrent me serrer la main ; ils souhaitèrent bonne chance *au civil*.

RETOUR AU FOYER.

A l'époque de la campagne d'Italie, le régiment était en garnison à Paris ; je voyais souvent mes anciens compagnons d'armes, partageant leur joie du départ probable et leur espoir pour l'avancement et les récompenses. Le 26e fut désigné pour le cinquième corps d'armée.

Il fallut la promesse faite à ma mère, très souffrante alors, pour m'empêcher de reprendre du service.

Mes camarades s'apprêtaient gaiement... « Viens avec nous ! » me disaient-ils.

Quand le régiment sortit de la caserne pour saluer le drapeau qu'on lui présentait, il me semblait que ce drapeau m'appelait... « Je pars et tu restes?... » Je restai !...

1870 - 1871

Onze ans plus tard... ma bonne mère priait au ciel pour son fils...

La noble voix de la France parla à ses enfants... Le devoir était de partir...

Le 16 juillet 1870, je sollicitai du ministre de la guerre la faveur de rejoindre mon régiment.

La réponse fut un décret qui autorisait les engagements volontaires pour la durée de la guerre.

Le 29 juillet, je partais pour Cherbourg. En arrivant au quartier, le premier 26e que je rencontre, c'est mon vieux J..., l'adjudant, qui me dit :

— Mon cher Ravenel, je t'attendais ; voici justement cinquante hommes à équiper ; mets-toi à la besogne.

Elle ne manqua pas, la besogne ; je me remis au métier comme si je ne l'avais quitté que de la veille.

Le 4e bataillon fut dirigé sur Paris, où il devint le 3e bataillon du 115e de ligne de la défense de Paris.

Je regagnais mes grades un à un : caporal, sergent, sergent-major ; j'allais, m'a-t-on dit, passer officier, lorsque l'armistice se signa.

. . . .

Le souvenir du siège est présent à notre mémoire à tous ; les divers combats autour de l'héroïque cité ont été dépeints par des écrivains dont on ne peut nier ni la compétence, ni le talent, je ne saurais me placer à côté d'eux.

Au combat de Champigny, un épisode m'impressionna vivement ; il devrait avoir sa place ici. — Mauvais historien, j'ai commencé par la fin, en écrivant ces *Souvenirs de Champigny* avant le commencement du carnet.

Congédié le 11 mars 1871, un mois après, je partais, volontaire pour la troisième fois, pour l'armée de Versailles, où je fus nommé lieutenant de la garde nationale.

Le 29 mai 1871, je mis au porte-manteau épée et uniforme et je repris mes occupations.

Soldat de l'armée territoriale, je serai toujours prêt à

marcher pour la défense du pays sous le drapeau de la France.

Ah! chers amis, guidons tous et toujours nos pensées et nos actes, sur ces quatre mots qui sont la devise des honnêtes gens :

Dieu, — Patrie, — Famille, — Travail!

FIN.

TABLE DES MATIÈRES

SOUVENIRS DE CHAMPIGNY

Soldat et chrétien.	7
A l'anniversaire.	10

CARNET D'UN SOLDAT

A mes jeunes lecteurs.	13
Mon engagement. — Départ. — Arrivée au régiment	14
Incorporation. — Equipement. — Changement de garnison.	19
Ecole du soldat. — Existence de garnison. — Ma première garde.	22
Il pleut des pièces de cinq francs. — La légende du 26e.	25
De Valence à Privas. — Le commencement des honneurs. — Un ami de plus. — Le Départ pour la Crimée.	30
La Revue de départ. — En chemin de fer. — A Marseille.	34
A bord du ***. — Au camp sous Varna. — Incendie de Varna.	36
Idylle et maçonnerie. — Séjour à Varna	43
A Bourgas. — Encore un incendie. — Toujours le choléra. — Enterrement d'un camarade. — Dévouement des sœurs de charité.	46
Epizootie. — Apprenti cavalier. — Une visite. — La botte honorée. — Départ de Bourgas.	51
Devant Sébastopol. — Rencontre d'un ami. — Parenthèse. Rentrée au Régiment.	53
Devant mon colonel. — Soldat du centre. — Récompense. — Le pain trouvé. — Caporal de voltigeurs.	56
De garde au drapeau. — Le pain perdu. — Une expédition pacifique chez les Tatares	64
Fonctionnaire fourrier. — Une noce tatare. — Hivernage. Une fausse alerte. — Baga. — 8 décembre 1855.	73
Enfin ! — Sous-officier. — Parade militaire. — Avant le départ. — Le départ	79
A Malte. — La rose d'adieu. — France ! — Six jours à Paris.	86
Retour au régiment. — Retour au foyer.	91
1870-1871	92

Paris. — Typ. Veuve Ed. VERT, rue Notre-Dame-de-Nazareth, 29.

www.ingramcontent.com/pod-product-compliance
Lightning Source LLC
LaVergne TN
LVHW050631090426
835512LV00007B/784